한권으로

파이썬과

드론

날로먹기

머리말

증기기관을 이용한 기계, 자동화 공업시대 1차산업혁명, 전기를 통해 인류에게 수많은 전기, 전자 물질을 새로운 도구로 활용하여 삶의 질을 변화하도록 만들어준 2차산업혁명, 컴퓨터를 통해 수많은 정보를 자료화하고 인터넷을 통해 전 세계에 정보를 공유하게 해 준 3차산업혁명을 지나서 우리는 4차산업혁명의 시대에 살고 있습니다.

4차산업혁명은 독일의 인더스트리 4.0이라는 제조업의 경쟁력 강화를 위해 독일 정부가 추진하고 있는 제조업 성장 전략에서 파생되었습니다. 핵심은 기계적인 시스템에 소프트웨어를 통해 파격적인 성과를 만들어 낼 수 있는 스마트 공장, 협업 로봇들의 관련 내용입니다. 여기에서 발전하여 인공지능, 사물인터넷, 빅데이터, 로봇, 드론 등 삶의 질을 바꿔놓을 다양한 기술들의 융합을 4차산업의 핵심으로 보고 있습니다. 그중에 가장 우리 생활에서 체감할 수 있는 부분이 바로 인공지능과 드론일 것입니다.

AI가 사람과 바둑, 체스 등의 대결에서 이기고, 자율로 움직이는 자동차, 음성인식 스피커 등 AI라는 용어가 우리 생활에서 깊숙이 사용되고 있으며 드론은 현재 아이들을 위한 완구부터, 사진 촬영 개인 서비스용, 농약을 뿌리고, 보안 감시하는 산업용에서 심지어 가장 위험한 곳에 활용되는 군사용, 그리고 2018년 평창올림픽에서 우리에게 영화 같은 드론 퍼포먼스를 보여준 엔터테인먼트용까지 AI와 드론은 4차산업혁명에서도 현재 우리가 가장 밀접하게 체감하는 키워드입니다.

AI를 만들어줄 수 있는 프로그래밍 언어로 파이썬을 채택하는 이유는 전 세계 공통 언어로 영어를 사용하는 것처럼 구글, 마이크로소프트, 페이스북등 전 세계 중요 기업들이 기본 프로그래밍 언어로 활용하고 있으며, 알파고, 자율자동차, PC를 활용한 머신러닝, 딥러닝등 다양한 응용사례들이 모두 파이썬을 기반으로 하고 있어서입니다.

AI를 대변하는 프로그래밍 언어인 파이썬과 통신, IOT, 로봇기술의 융합 체인 드론을 통해 학교에서는 접하지 못하는 4차산업혁명의 기본실체를 체감하고 발전시켜 지금까지 만들어지지 않은 새로운 아이디어, 발명, 제품 등을 누구나 만들어 낼 수 있는 기반을 준비하는 것이 4차산업혁명을 살아가는 학생부터 모든 사람이 가져야 할 기본 소양이라고 생각합니다.

한번 상상해 볼까요.

AI 드론들이 인간을 도와서 농사를 하고, 공장 창고에서 재고 파악을 하고, 범죄현장이나 위험한 상황의 인간을 돕고, 원하는 물품을 원격지로부터 바로 내 손으로 받는 미래 도시를 떠올릴 수 있을 것입니다.

4차산업혁명에서는 상상력이 가장 큰 자산이 될 것이며, 우리는 그 상상력을 기반으로 4차산업혁명의 리더가 되도록 지금 도전해봅시다.

AI, 로봇, IOT, 네트워크 기술들과 연동된 파이썬 프로그래밍의 중요성이 강조되고 많은 파이썬 서적들이 나오고 있지만, 전문 컴퓨터 프로그래밍 텍스트 언어이기 때문에 스크래치나 블록프로그램처럼 일반인이 이해하기엔 아직도 전문적인 내용이 많아서 쉽게 배울 수 있는 매체나 교재가 많지 않습니다. 우리는 이 책에서 단순 파이썬, 드론뿐만 아니라 파이썬을 활용한 드론제어까지 어린 학생부터 일반인까지 쉽게 배울 수 있게 하는데 목표를 두었습니다.

이 책에서는 크게 3가지 주제로 구분되어있고 특성상 1장부터 시작해서 차례대로 10장까지 볼 수도 있지만, 여러분이 필요한 부분에 맞춰서 드론 (1~3장), 파이썬 (4~6장), 드론프로그래밍 (7~9장) 중에 순서와 상관없이 활용할 수 있습니다.

1~3장 : 드론을 이해하고 조종 및 PC로 제어하는 방법

4~6장 : 파이썬 기초부터 응용 프로그램 작성하는 방법

7~8장 : 파이썬 문법을 통해 드론을 실제로 제어하는 방법

9장 : 카메라를 이용한 OpenCV의 파이썬 활용 및 응용, 그리고 드론의 연동 제어

드론에 대한 이론 및 직접 조종기를 통해 제어하는 법을 시작으로 파이썬에 대한 정의부터 기본문법 사용법을 통해 원하는 기초 프로그램을 만드는 단계를 지나서 학습한 파이썬 문법으로 드론제어에 응용하여 다른 책에서는 다루기 힘든 SW와 HW를 골고루 활용할 수 있도록 하였습니다.

우리가 모국어인 한글 그리고 타 국어인 영어를 터득하기 위해 기초문법부터 회화까지 오랜 시간을 공들여 왔을 것입니다. 그리고 그 배운 언어를 통해 학교, 사회에서 많은 정보와 기술을 배우고 국내, 해외에 많은 사람과 소통하며 다양한 결과물로 나타납니다. 파이썬을 배우는 과정들도 여러분의 언어를 배우듯이 활용하면 빨리 터득할 수가 있습니다.

우리가 컴퓨터라는 도구를 통해 파이썬 언어를 통해 목표로 하는 결과물 (계산기, 성적처리, 업무처리, 인공지능, 드론제어)을 대상으로 익히게 되면 자연스럽게 빠르게 습득할 수 있게 됩니다. 그중에서도 우리는 드론제어라는 주제를 선택하였습니다.

앞으로도 드론은 농약 살포, 지질조사, 치안, 드론 택시 등 다양한 서비스영역으로 발전할 것입니다. 그래서 드론은 기본적으로 그 특성을 잘 이해하고 조종하는 것을 실습해보는 것은 매우 중요합니다. 그리고 가까운 미래에는 단순한 조종이 아니라 자율, 인공지능과 같은 프로그래밍이 탑재된 드론들이 우리가 잠들어 있는 밤에도 우리를 위해 일하거나 보호해주거나 우주로 가서 다양한 일들을 해 줄 것입니다.

이 책을 통해 많은 사람이 4차산업혁명의 필수인 파이썬 드론을 배우고 미래의 도구로 활용할 수 있기를 진심으로 바랍니다.

이 책을 기본으로 다양한 응용 콘텐츠들이 잇플 출판사 카페 (http://cafe.naver.com/arduinofun)에서 업데이트될 예정입니다. 여러분들의 훌륭한 결과물을 공유할 수 있도록 만들어 보세요.

드론제어에 대한 풍부한 경험을 바탕으로 누구나 아주 쉽게 읽고 이해할 수 있도록 잘 쓰인 책입니다.
어린 학생부터 성인까지 드론제어에 관심 있는 분들께 추천해 드립니다.

– 박형순 KAIST 교수

스티브 잡스는 모든 사람이 컴퓨터 프로그래밍을 배워야 한다고 얘기했는데 그 이유로 생각하는 방법을 가르쳐주기 때문이라고 했습니다.
현재 초·중·고등학교에서 논리적인 사고와 문제해결 능력을 향상을 위해 소프트웨어 교육을 시행하고 있습니다. 소프트웨어 교육의 핵심은 문제를 파악하고 해결하기 위한 절차를 논리적으로 구현하는 데 있습니다. 이를 위해 HW와 SW가 결합한 메카트로닉스 시스템은 체험적 학습에 큰 도움을 줄 수 있습니다.
이 책은 드론(drone)을 통해 센서, 모터, 제어의 개념을 습득하고 Python 프로그래밍 언어를 통해 주행(비행) 제어 알고리즘을 구현해봄으로써 좀 더 실질적이고 흥미롭게 프로그래밍 교육이 이루어질 수 있을 것입니다. 따라서 드론제어에 관심 있는 입문자가 드론의 원리와 제어, SW 구현 방법을 이해하는 데 많은 도움이 될 것으로 생각합니다.

– 김곤우 충남대학교 교수

기존의 파이썬 서적들과 달리 알기 쉽게 전개되었고, 드론까지 직접 제어할 수 있는 실용적인 IT 서적입니다.
4차산업혁명의 핵심을 그대로 담아서 이 책을 통해 많은 학생이 미래의 유명한 과학자로 거듭날 수 있기를 바라며 추천합니다.

– 장민수 한국전자통신 연구원 에트리 박사

AI의 중요성이 강조되는 시대에 파이썬은 현재와 미래를 이어주는 중요한 연결고리입니다.
이 책은 파이썬을 처음 접하는 사람들이 기초를 배우며 미래의 서비스 수단인 드론을 이해하고 AI까지 갈 수 있는 중간다리 역할의 서적이 되길 기대합니다.

– 최준식 고려대학교 심리학과(AI) 교수

목차

파이썬과

드론

파이썬 첫걸음을 드론과 함께

Chapter 1

처음 만나는 드론

1. 드론의 정의

2018년 열린 평창 동계올림픽 개막식은 볼거리가 많았습니다. 그중에서도 하늘을 수놓은 드론의 군집비행이 큰 화제였습니다. 생방송으로 진행된 개막식에서 1218대의 드론 '슈팅 스타'가 움직이면서 스노보더, 오륜기 등의 모양을 만들었고, 새로운 기네스 기록을 세웠습니다.

'드론'은 무인 비행체(Unmanned Aerial Vehicle)로 사람이 탑승하지 않고, 원격으로 조종하거나 소프트웨어로 움직이는 비행 장치를 말합니다. '드론'이라는 뜻은 최첨단 기술과 밀접한 관계가 있는 것 같지만 수벌이 윙윙거리며 나는 모습이나 그 소리를 의미합니다. 또한, 16세기 영국에서는 게으른 남자를 드론이라 했습니다.

윙윙거리는 수벌과 게으른 남자라는 뜻을 가졌던 드론이, 어떻게 무인 비행체를 의미하게 되었을까요?

미국 해군 제독 윌리엄 스탠리(William Standley)는 1935년 영국 해군의 훈련을 참관했습니다. 그때 영국 해군은 'DH 82B Queen Bee(여왕벌)'라는 원거리 조종 무인 비행기를 띄워 날려 놓고 이를 맞추는 사격 훈련을 선보였습니다.

깊은 인상을 받은 스탠리 제독은 비슷한 비행체를 만들었고, 영국 '여왕벌'에 경의를 표현하기 위해 '게으른 수컷 벌'의 뜻을 가진 '드론'이라는 이름을 붙였습니다. 이후 미군은 전통 비행기를 연습용으로 개조한 무인 비행기를 드론이라 불렀습니다.

▲ 수벌과 드론

무인 비행체를 나타내는 다른 용어도 있습니다. 현재 우리 군에서는 무인 비행체를 UAV(Unmanned Aerial Vehicle)라고 부르고, 국제민간항공기구인 ICAO(International Civil Aviation Organization)에서는 RPAS(Remotely Piloted Aircraft Systems)라고 부릅니다.

1960년, 소련의 군사 시설을 정찰하던 미국의 유인 정찰기 U2가 미사일에 격추되는 사건이 있었습니다. 이후 미국은 자신의 군인을 보호하기 위해 정찰기능 중심의 무인 비행기를 본

격적으로 개발했습니다. 이렇게 드론은 군사 목적으로 개발되었고, 현재에도 상용화한 드론의 80% 이상이 군사적 목적으로 사용됩니다. 최근 민간에서도 상업용 드론 시장이 빠르게 성장하고 있으며, 다양한 기술과 융합하여 새로운 시장을 열고 있습니다.

드론에는 어떤 종류가 있을까요? 드론은 용도나 크기 등으로 종류를 구분할 수도 있지만, 날개의 형태로 드론의 종류를 설명하겠습니다. 드론은 날개의 형태에 따라 고정익(fixed wing) 드론, 회전익(rotary wing) 드론, 그리고 두 가지 방식이 혼합된 복합형으로 나눌 수 있습니다.

우리가 흔히 보는 비행기모양의 드론을 고정익드론이라고 합니다. 고정익 드론은 날개가 고정되어 있고, 프로펠러나 엔진의 힘으로 비행합니다. 따라서 이·착륙할 때 활주로가 필요하며, 일정 속도 이상이 되어야 날 수 있어서 제자리에 멈출 수 없습니다.

이러한 단점을 극복하고자 활주로 없이 이·착륙할 수 있고, 제자리에서 비행할 수 있는 회전익 드론이 등장했습니다. 회전익 드론은 프로펠러를 빠르게 회전시켜 비행합니다. 하지만 동력 낭비가 심하고, 끊임없이 날개를 회전시키기 때문에 공기 흐름에 민감합니다.

▲ 고정익 드론

고정익 드론과 회전익 드론의 단점을 보완하기 위해 만들어진 것이 틸트로터형 드론입니다. 틸트로터형 드론은 이·착륙, 정지 비행은 회전날개를 이용하고, 수평으로 움직일 때는 고정날개를 사용해 움직입니다. 하지만 이 드론 역시 공기 흐름이 불안정하면 추락할 수 있습니다.

▲ 회전익 드론

마지막으로 개발된 드론은 멀티 로터형 드론입니다. 우리가 흔히 알고 있는 드론이 이 멀티 로터형입니다. 멀티 로터는 날개(rotor)가 여러(Multi) 개 있다는 뜻입니다.

▲ 틸트로터

로터형 드론은 세 개 이상의 회전날개로 비행합니다. 공기 역학적 안정성도 뛰어나고, 회전익 드론처럼 수직으로 이·착륙할 수 있고, 제자리에서 비행할 수도 있습니다.

또한, 여러 개의 날개를 사용하므로 추락위험도 줄었습니다. 로터형 드론은 프로펠러의 개수에 따라 쿼드(4)콥터, 헥사(6)콥터, 옥타(8)콥터 등으로 나뉘고, 드론마다 특성이 다릅니다.

Quard Copter
쿼드콥터

Hexa Copter
헥사콥터

Octa Copter
옥타콥터

▲ 멀티콥터의 종류

2. 드론의 가치

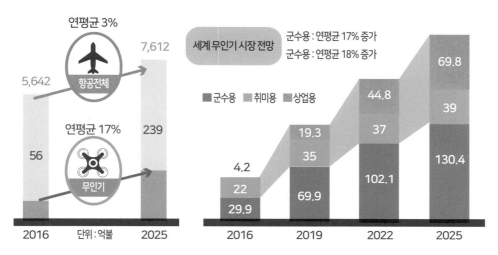

연평균 3%

7,612

5,642

항공전체

연평균 17%

239

56

무인기

2016   단위 : 억불   2025

세계 무인기 시장 전망

군수용 : 연평균 17% 증가
군수용 : 연평균 18% 증가

■군수용 ■취미용 ■상업용

69.8

44.8

39

19.3

37

4.2

35

130.4

22

102.1

29.9   69.9

2016   2019   2022   2025

▲ 드론시장 전망(출처 : TealGroup)

드론 산업은 통신 · 제어 기술의 발전으로 미래의 비즈니스 도구이자 4차 산업혁명의 핵심 키워드가 되고 있습니다. 항공, 소프트웨어, 센서 등 첨단기술과 융합한 산업으로 성장 잠재력이 매우 큽니다. 드론 시장은 향후 10년간 연평균 17% 성장하여 2025년에는 239억 달러 규모에 이를 것으로 전망됩니다.

세계 여러 나라에서도 드론 산업에 관한 관심이 커지고 있습니다. 미국은 드론 산업 키우고자 10개 도시에서 시범 산업을 진행하고 있습니다. 우리나라도 드론을 8대 선도산업으로 지정해서 적극적인 투자를 하고 있습니다.

드론은 이제 우리 일상에서 흔하게 볼 수 있습니다. 전문가들은 드론이 그 자체로 거대한 산업이자 기존의 산업 시스템을 바꾸게 될 것으로 전망합니다. 조종이 쉽고, 운용과 관리 비용이 상대적으로 저렴하고 수직 이착륙을 할 수 있어 다양한 분야에 활용됩니다.

모바일 생태계를 만든 스마트폰처럼 드론도 새로운 생태계를 만드는 플랫폼이 될 것이라고 합니다. 기술 및 부품, 소프트웨어, 서비스 등 관련 산업의 성장을 이끌고, 4차 산업혁명과 더불어 인공지능, GPS, 빅데이터 등 여러 기술과 결합하면 드론의 활용 분야는 무궁무진해

질 것입니다. 드론의 시작이 된 군사용 무기에서부터 건설, 에너지, 물류, 재난구조, 교통 관측, 과학 연구, 농업, 환경오염 제거, 촬영, 취재, 취미 등 활용할 수 있는 분야는 그야말로 무궁무진합니다

많은 영화사는 아슬아슬한 장면을 촬영하기 위해 고해상도 카메라가 달린 드론을 사용합니다. 원래는 헬리콥터를 사용해서 사람이 직접 촬영해야 하지만, 드론을 사용해서 촬영 비용을 많이 줄이고 있습니다. 지진이나 해일과 같은 자연재해뿐만 아니라 여러 시위나 사고 현장 등 기자가 접근하기 어려운 지역에 드론을 보내 사진이나 영상을 촬영해서 기사를 씁니다. 이를 드론 저널리즘(Drone Journalism)이라고 합니다.

한국토지주택공사(LH)는 드론을 토지조사에 활용하고 있습니다. 드론이 공중에서 촬영한 사진으로 면적을 측정해서 주택이 얼마나 있는지 등의 현황조사를 합니다. 사람이 가서 직접 조사하는 것보다 적은 비용으로 더 정확하고 빠르게 조사할 수 있게 되었습니다.

2014년 브라질 월드컵에서 브라질 정부는 치안을 위한 감시용 드론을 운용했습니다. 또한, 미국의 카오틱 문 스튜디오(Chaotic Moon Studios)가 개발한 무인 경비 드론 '큐피드'는 카메라로 집을 지키며 위험인물을 발견하면 전기 충격 장치로 기절시킵니다. 미국 마이애미 경찰은 적외선 카메라를 단 드론을 띄워 큰 인명피해 없이 현장에 숨은 범인들을 찾아내 체포했습니다.

▲ 농약살포/구호물품 이송/구조 활동

농업 분야도 드론 덕택에 새로운 변화를 맞이하고 있습니다. 농약을 살포할 때 드론을 사용

하면 기존의 방식보다 시간과 비용 면에서 매우 경제적이고 안전합니다. 앞으로는 파종에서 수확까지 전 과정에 드론이 쓰일 것입니다.

대규모 농업이 발달한 미국에서도 드론을 적극적으로 활용하고 있습니다. 드론에 달린 카메라로 경작지를 조사해 필요한 비료를 자동으로 계산합니다. 어떤 농약과 비료를 얼마나 사용할지, 드론으로 축적한 데이터를 바탕으로 계산합니다. 심지어 열매 색깔을 분석해서 작물 상태를 파악하거나 나무에 살충제를 뿌리기도 합니다. 사물인터넷과 드론 기술의 융합으로, 농업의 새로운 패러다임인 스마트 팜(Smart Farm) 시대가 열리고 있습니다.

세계 인구는 2050년이면 90억 명을 넘어갈 것으로 예상합니다. 늘어나는 농산물 수요를 만족시키고 농업 생산성을 높이기 위해선 혁신적인 기술이 필요한데, 드론이 큰 역할을 담당할 것으로 기대됩니다.

3. 드론의 원리

비행기를 띄우는 힘을 양력이라고 합니다. 사람들은 '베르누이 정리'로 양력이 생겨서 비행기가 뜬다고 알고 있습니다.

베르누이 정리에 따르면, 공기 같은 유체의 속도와 압력은 반비례합니다. 속도가 빨라지면 압력은 낮아지고, 속도가 느려지면 압력은 높아집니다.

▲ 양력: 유체의 흐름에 물체가 수직 방향으로 받는 힘

날개를 수직으로 잘랐을 때, 유선형의 단면 모양을 에어포일(airfoil)이라고 합니다. 에어포일 위를 흐르는 공기는 속도가 빨라지며 압력이 낮아지고, 아래를 흐르는 공기는 속도가 느려지며 압력이 높아집니다. 이렇게 위 아래에 압력 차가 생기고, 에어포일 아래의 높은 압력이 에어포일 위의 낮은 압력 쪽으로 날개를 밀어 양력이 생깁니다.

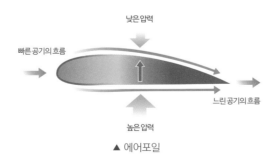

▲ 에어포일

공기가 누르는 힘을 '기압'이라고 하는데 이 기압 차로 비행기가 뜨는 것입니다. 1기압의 힘은 어느 정도일까요? 우리가 일상 받는 1기압의 압력은 10m 정도의 물기둥을 어깨에 이고 있는 상태에서 받는 압력과 비슷합니다. 만약 가로, 세로의 길이가 1m인 물기둥이 있다면 약 10m까지 올리는 힘이 1기압입니다. 무게로 계산하면 약 10톤의 무게(물 1㎥가 약 1톤)입니다. 이런 기압의 힘으로 면적이 넓이가 넓을수록 더 많은 무게를 위로 올릴 수 있습니다.

▲ 기압 차로 양력 발생

기압 차이로 양력을 발생하는 간단한 실험이 있습니다. 깔때기에 탁구공을 대고 바람을 불면 탁구공이 떨어지지 않고 뜨는 것을 볼 수 있습니다. 깔때기에 바람을 불면 기압이 낮아지고, 깔때기 밑 쪽의 기압이 높아져 탁구공이 뜨는 것입니다.

'동시통과이론'으로 기압 차가 생긴다고 많은 교재나 블로그에서 설명합니다.

"에어포일 앞에서 만난 공기가 위-아래로 갈라지고, 에어포일 뒤에서 다시 만나야 한다. 따라서 위의 공기는 더 멀리 이동해야 하므로 빨라진다. 그러면 위쪽과 아래쪽의 압력 차이가 생겨서 양력이 생긴다."

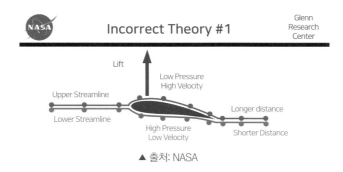

▲ 출처: NASA

하지만 이 설명은 잘못되었습니다. 실제로는 에어포일 뒤에서 공기가 만나지 않고, 위쪽 공기가 더 빨리 움직입니다.

그리고 베르누이 정리로만 비행기의 양력을 설명한다면 거꾸로 나는 비행기는 어떻게 설명할 수 있을까요? 거꾸로 뒤집힌 비행기 날개의 위-아래가 바뀌어서 비행기가 추락하지 않을까요? 위-아래가 평평한 날개인 비행기는 어떻게 날 수 있을까요? 또한, 베르누이 정리만으로는 비행기가 뜰 수 있는 충분한 양력이 생기지 않습니다.

양력은 베르누이 정리뿐만 아니라, 뉴턴의 법칙과 함께 설명해야 합니다. 뉴턴은 물체의 움직임과 그 원리를 '프린키피아'로 알려진 '자연철학의 수학적 원리'라는 책에 정리했습니다. 이 책은 총 3권으로 구성되어 있습니다. 1권과 2권은 물체의 움직임에 관해 체계적으로 정리했으며, 3권은 1권과 2권의 지식을 바탕으로 태양계의 구조를 설명했습니다. 1권과 2권의 내용이 바로 그 유명한 뉴턴의 운동 법칙입니다. 이 법칙으로 물체의 움직임을 분석하고 예측할 수 있게 되었습니다. 뉴턴의 운동 법칙은 다음과 같습니다.

제1법칙: **관성의 법칙**	정지한 물체는 계속 정지하려고 하고, 운동하는 물체는 계속 운동하려고 한다.
제2법칙: **가속도의 법칙**	물체가 힘을 받으면 속도가 변한다.
제3법칙: **작용과 반작용의 법칙**	모든 작용에 대해 크기는 같고 방향은 반대인 반작용이 존재한다.

다음 그림에 날개를 지나는 공기의 흐름이 나타나 있습니다.

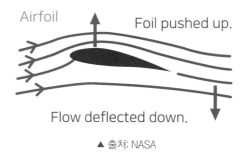

▲ 출처: NASA

왼쪽에서 오른쪽으로 흐르는 공기는 날개를 지나면서 위에서 아래 방향으로 속도가 변합니다. 공기의 흐름이 아래쪽으로 바뀌면, '작용-반작용의 법칙'에 의해 날개는 위쪽으로 향하는 힘인 양력 받습니다.

실제로 비행기 날개는 위와 같은 공기의 흐름을 만들기 위해 '받음각'이라는 것이 있습니다. 날개의 앞면이 진행 방향에 비해 약간 들려있음으로써 생기는 각도입니다.

연도 평평하지만, 작용-반작용 법칙으로 하늘을 날 수 있습니다. 그래서 비행기가 날기 위해서는 앞으로 빠르게 움직여야 합니다. 고정익 드론이 왜 활주로나 발사장치가 필요한지 알 수 있겠죠?

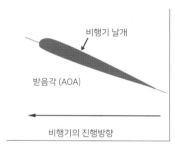

▲ 날개의 받음각

그러면 드론은 어떻게 날 수 있으며 왜 날개가 여러 개 필요할까요?

먼저 헬리콥터를 살펴보겠습니다. 헬리콥터 몸체에는 큰 프로펠러가 있습니다. 이 프로펠러를 '로터(rotor)'라고 합니다. 몸체에 있는 로터를 '메인 로터(Main Rotor), 꼬리 쪽의 작은 로터는 '테일 로터(Tail Rotor)'라고 합니다. 헬리콥터와 같은 회전익 비행체는 프로펠러를 빠르게

▲ 헬리콥터

회전시켜 양력이 생기게 합니다. 그래서 활주로가 없어도 수직으로 이·착륙할 수 있고, 제자리에서 비행할 수 있는 겁니다.

테일 로터는 왜 필요할까요? 여기서 작용과 반작용의 법칙을 생각해봅시다. 로터가 회전하면 작용과 반작용의 법칙에 따라 헬리콥터 몸체(동체)가 반대 방향으로 회전합니다. 로터가 시계 반대 방향으로 회전하면 헬리콥터 몸체는 시계 방향으로 회전합니다. 테일 로터가 회전해서 헬리콥터 몸체가 반대로 회전하지 않도록 합니다. 테일 로터가 없으면 영화에서처럼 헬리콥터 몸체는 빙글빙글 돌 것입니다.

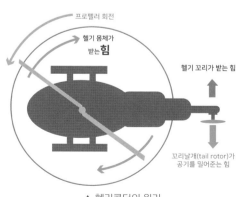

▲ 헬리콥터의 원리

이것이 회전익 비행체가 고정익 비행체보다 에너지 효율이 떨어지는 이유 중 하나입니다.

테일 로터의 힘은 회전익 비행체가 뜨는 데 사용하는 것이 아니고 메인 로터의 회전력을 상쇄시키기 위해 사용하기 때문에 에너지를 소모하는 것이죠. 그리고 움직이기 위해서 메인 로터에는 복잡한 장치가 필요합니다. 이런 장치들이 없으면 단순히 위-아래로만 움직입니다.

드론을 보면 시계방향으로 회전하는 프로펠러가 있고, 시계 반대 방향으로 회전하는 프로펠러가 있어서 회전에 따른 반작용을 상쇄시킵니다. 헬리콥터의 테일 로터와 달리, 프로펠러 모두 양력을 발생시키는 데 사용하므로 에너지 효율이

▲ 드론 프로펠러의 회전 방향

높습니다. 또한, 복잡한 장치가 없이도 프로펠러의 회전 속도를 조종해서 움직일 수 있어서 구조도 단순합니다.

따라서 드론의 프로펠러는 회전하면서 공기를 아래쪽으로 밀 수 있도록 연결해야 합니다. 그렇지 않으면 위쪽으로 공기를 밀어서 드론이 균형을 잡지 못해 날 수 없습니다.

드론에 작용하는 힘은 위로 뜨는 양력, 물체를 아래로 끌어당기는 중력, 드론이 기울면서 앞으로 가게 해주는 추력, 공기와 드론의 마찰로 추력을 방해하는 항력이 있습니다.

▲ 드론에 작용하는 4가지 힘

프로펠러를 빠르게 회전시켜서 양력이 중력보다 크면 위로 뜨게 됩니다. 반대로 중력이 양력보다 더 강하면 드론은 아래로 내려갑니다.

드론이 이동하기 위해선 추력과 항력이 필요합니다. 추력이 항력보다 크면 추력이 향하는 방향으로 이동합니다.

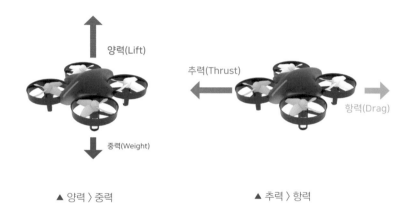

▲ 양력 〉중력　　　　　　　　　　▲ 추력 〉항력

4가지 힘의 크기가 같으면 제자리 비행을 할 수 있습니다. 이 상태를 호버링(Hovering)이라고 합니다.

4. 드론의 구조

앞에서 드론의 원리를 배웠습니다. 그럼 4개의 프로펠러에 모터만 연결해 회전시키면 드론이 날 수 있을까요? 그렇지 않습니다. 드론이 공중에서 균형을 잡고, 원하는 곳으로 가려면 다양한 부품과 센서가 필요합니다.

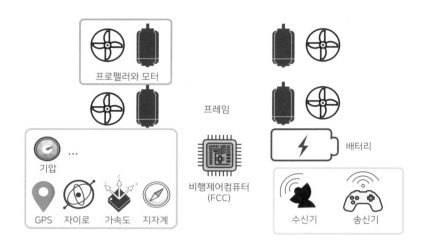

■ 모터

모터는 전기와 자기의 성질을 이용합니다. 전기와 자기장이 만든 힘으로 모터가 회전합니다. 드론에 사용하는 모터는 브러시드(Brushed) 모터와 브러시리스(Brushless) 모터로 구분할 수 있습니다.브러시드(Brushed) 모터는 우리가 흔히 사용하는 DC 모터입니다. 모터 내부를 보면 브러시가 있습니다.

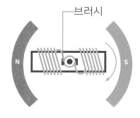

▲ 브러시드(Brushed) 모터와 구조

전류를 흐르면 자기장의 방향에 따라서 코일이 회전합니다.

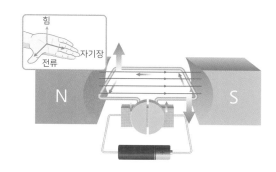

▲ 브러시드(Brushed) 모터의 회전 원리

브러시드 모터는 가격이 저렴해서 많이 쓰이지만 브러시와 정류자의 마찰로 오래 사용하기 힘듭니다.

브러시리스(Brushless) 모터는 말 그대로 브러시(Brush)가 없는(-less) 모터입니다. 영어 앞글자를 따서 'BLDC 모터'라고 부릅니다. 브러시리스 모터는 안에 있는 전자석(고정자: Stator)과 바깥에 있는 영구자석(회전자: Rotor)의 상호작용으로 회전합니다.

▲ 브러시드(Brushed) 모터의 회전 원리

코일에 전류가 흐르면 전자석이 됩니다. 코일 A에 전류가 흐르면 반대 극인 회전자와 고정자가 서로를 끌어당깁니다. 그 다음에 코일 B에 전류가 흐르면 서로 끌어당겨서 조금 더 회전합니다. 코일에 순서대로 전류를 보내서 회전자를 회전시킵니다.

브러시가 없어서 오래 사용할 수 있지만, 코일 각각에 신호를 줘야 하므로 변속기(ESC) 같은 장치를 써서 모터에 안정적인 전류를 보내야 합니다.

■ 센서

드론이 균형을 잡고 비행하려면 센서도 필요합니다. 비행 제어 컴퓨터(FCC: Flight Controller Computer)는 드론의 두뇌와 같은 역할을 합니다. 송신기에서 보낸 신호를 수신기로 받아서 어떤 명령을 보냈는지 확인하여 조종자가 원하는 대로 드론이 움직일 수 있게 합니다. 또한, 다양한 센서에서 읽은 값을 계산해서 드론이 안정된 자세로 날 수 있게 합니다.

◀ 다양한 센서

자이로, 가속도 센서	자이로 센서는 X, Y, Z축으로 운동하는 물체의 회전 각도를 측정합니다. 가속도 센서는 물체의 가속도와 방향을 이용하여 움직임, 진동, 충격 등 물체의 운동 상태를 감지해서 3차원 공간에서 전후·좌우·상하 움직임을 측정합니다.
GPS	'위성 위치확인 시스템'의 줄임말입니다. 위성에서 받은 신호로 드론의 위치를 확인합니다. 드론이 제자리에서 가만히 있으려면 자신의 위치를 알아야 하고 비행하다가 원래 있던 곳으로 자동으로 돌아오기 위해서도 처음 이륙했던 위치를 알아야 합니다. 이때 GPS가 필요합니다. GPS가 없으면 드론은 제자리 있지 못하고 조금씩 움직입니다.
지자계 센서	지자계 센서는 드론의 방향을 정해줍니다. 지구는 큰 자석과 같아서 나침반은 항상 일정한 방향을 가리킵니다. 자북(磁北, Magnetic North)은 나침반이 가리키는 북쪽을 말하며, 지자계 센서는 자북과의 각도 측정해서 드론의 방향을 확인합니다. ▲ 지구의 자기장
기압 센서	기압 센서는 드론과 지면의 기압 차를 측정해서 드론이 같은 높이로 날 수 있게 합니다. 기압 센서가 없으면 드론이 같은 고도를 유지할 수 있게 조종자가 컨트롤러로 직접 조종해야 합니다.
관성 측정 장치(IMU)	관성 측정 장치(IMU)는 자이로 센서, 가속도 센서 등으로 기울어짐, 속도, 이동 방향 등을 계산해서 드론이 안정된 자세로 비행할 수 있게 합니다. 드론은 GPS가 없어도 날 수 있지만, 관성 측정 장치가 없으면 균형을 잡을 수 없어 날 수 없습니다.
비행제어컴퓨터(FCC :Flight Controller Computer)	비행제어컴퓨터는 드론에서 두뇌와 같은 역할을 합니다. 송신기에서 보낸 신호를 수신기로 받아서 어떤 명령을 보냈는지 확인하며, 조종가가 원하는 대로 드론이 움직일 수 있도록 합니다. 또한, 다양한 센서에서 읽은 값을 계산해서 드론이 안정된 자세로 날 수 있게 합니다.

이 책에서 사용하는 드론은 브러시드 모터를 사용합니다. 속도를 제어하기 위한 4개의 모터 드라이브 칩도 있습니다. 하우징과 드론의 덮개로 보드를 보호해줍니다.

No	Name	Quantity
1	CCW 프로펠러(B)	2
2	CW 프로펠러(A)	2
3	하우징	1
4	프레임	1
5	CCW 모터	2
6	CW 모터	2
7	리튬 배터리	1
8	메인보드	1
9	고무 댐퍼	4

▲드론의 구조

	스스로 평가하기	확인
1	드론의 뜻을 이해할 수 있습니다.	
2	다양한 드론의 종류를 구분할 수 있습니다.	
3	드론이 나는 원리를 설명할 수 있습니다.	
4	드론의 구조를 이해할 수 있습니다.	

파이썬과 드론

파이썬 첫걸음을 드론과 함께

Chapter 2

드론 조종의 첫걸음

1. 드론과 컨트롤러

드론은 드론을 조종할 수 있는 컨트롤러와 기체 그리고 배터리로 구성되어 있습니다. 드론을 조종하기 전에 컨트롤러 기능과 드론의 상태를 알아야 합니다.

■ 컨트롤러

버튼을 짧게 눌렀을 때, 길게 눌렀을 때 실행하는 기능이 다를 수가 있으니 잘 구분해서 사용해야 합니다.

버튼	짧게 눌렀을 때	길게 눌렀을 때
L1	SPEED 속도레벨 바꾸기	START/STOP 이륙/착륙
R1	LED LED 색 바꾸기	FLIP 버튼을 누르고 피치, 롤로 조이스틱을 움직이면 360°회전
RESET		센서 리셋 자이로 센서, 트림 초기화
PAIRING		페어링
POWER		전원 ON/OFF
▲F	미세조정 피치(+)	헤드리스 모드 사용
▼B	미세조정 피치(-)	헤드리스 모드 사용하지 않음
◀L	미세조정 롤(-)	조종 MODE 1
▶R	미세조정 롤(+)	조종 MODE 2

〈L1〉 버튼으로 이륙/착륙하고, 〈L1〉 버튼을 누른 채 쓰로틀 조이스틱을 내려서 비상착륙합니다.(비상착륙은 모터가 공중에서 정지되어 드론이 떨어져서 파손될 수도 있으므로 긴급한 상황에서만 사용해야 합니다.)

비행 상태가 아닐 때 모터를 움직이거나 정지할 수 있습니다.

▲ 비상정지

비행하다가 속도를 바꾸고 싶으면 〈L1〉 버튼을 짧게 누릅니다. 1단계에서는 소리가 1번, 2단계는 2번, 3단계는 3번 납니다.

〈R1〉 버튼을 짧게 누르면 드론의 LED 색깔이 바뀝니다. 그리고 〈R1〉 버튼을 누른 상태에서 피치와 롤 조이스틱을 움직이면 조이스틱이 향한 방향으로 360° 회전(플립)합니다. 플립할 때는 충분한 공간이 있는지 확인합니다.

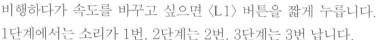

2M

비행할 때 〔요우〕를 사용하게 되면 드론은 중심축을 기준으로 회전합니다.

드론이 회전하면 사용자가 볼 때 정면이 어디인지 구분이 잘 안 되는 경우가 있어서 조종할 때 실수를 많이 합니다. 아직 연습이 더 필요한 사람이라면 자신의 정면 방향과 드론의 정면 방향을 일치시켜 비행하는 것이 좋습니다. 이때 헤드리스 (Headless) 모드를 사용하면 편리합니다. 착륙한 상태에서 HEADLESS ON 모드 버튼을 길게 누르면 헤드리스 모드를 사용할 수 있습니다.

HEADLESS OFF버튼을 길게 누르면 노말(Normal) 모드가 됩니다.

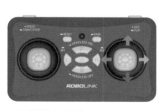

■ 헤드리스 모드 On
■ MODE 2

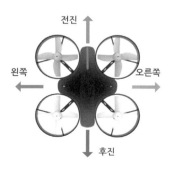

전진

왼쪽 ← → 오른쪽

후진

■ 드론 점검

드론을 조종하다 벽에 부딪히거나 천장에 부딪혀서, 프로펠러가 부러지거나 프로펠러 테두리 가드가 망가지는 경우가 많이 생깁니다. 이런 경우에는 프로펠러를 교체해야 합니다. 드론은 기체의 일부(프로펠러, 가드 등)가 망가지면 조종 명령을 내려도 이상하게 비행하게 됩니다. 그래서 드론이 이상하게 비행하면 먼저 드론 상태를 확인해야 합니다.

아래 점검표를 보고 드론의 상태를 확인합니다.

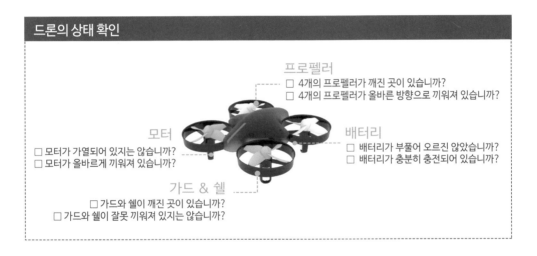

■ 드론 상태

드론 LED로 드론의 상태를 알 수 있습니다.

▶ LED가 계속 켜져 있으면 normal 모드입니다.

▶ LED가 밝기 밝아졌다가 어두워졌다가 하면 headless 모드입니다. 조종자를 기준으로 움직이기 때문에 초보자가 조종하기 쉽습니다. 시뮬레이터에서 Absolute 모드와 같습니다.

▶ LED가 빠르게 두 번 깜빡이면 페어링이 끊긴 것입니다.

■ 문제 원인 및 해결방법

드론을 조종하다 보면 여러 가지 문제가 생깁니다. 그 문제와 원인, 해결방법을 표로 정리했습니다.

	문제	원인	해결 방법
1	드론의 배터리를 연결했는데 깜빡거리기만 하며 응답이 없습니다.	드론과 컨트롤러의 페어링이 끊어졌습니다.	드론과 컨트롤러의 전원을 모두 껐다 켜고, 페어링을 다시 합니다.
2	드론의 배터리를 연결해도 아무런 응답이 없습니다.	배터리가 부족합니다.	드론의 배터리를 충전해서 사용합니다.
3	착륙하려고 레버를 내려도 모터가 멈추지 않습니다.	드론이 바닥에 도착했는지 인식하지 못했습니다.	위로 다시 올려 착륙을 시도합니다. 드론이 바닥에 닿은 후에도 2초 이상 쓰로틀 조이스틱을 내립니다.
4	프로펠러만 돌아가며 드론이 이륙하지 않습니다.	1. 프로펠러 방향이 잘못 되었습니다. 2. 배터리가 부족합니다.	1. 프로펠러를 올바른 방향으로 연결합니다. 2. 배터리를 충전합니다.
5	트림 설정 후에도 드론이 제자리에서 회전합니다.	1. 프로펠러 방향이 잘못 되었습니다. 2. 프로펠러가 손상됐습니다. 3. 센서값이 이상합니다.	1. 프로펠러를 올바른 방향으로 연결합니다. 2. 프로펠러를 바꿉니다. 3. 센서를 리셋합니다.
6	추락 후 드론이 날지 않습니다.	1. 프로펠러가 분리되었습니다. 2. 프로펠러가 손상되어 있습니다.	1. 프로펠러를 다시 연결합니다. 2. 프로펠러를 바꿉니다.

PYTHON & DRONE

2. 페어링(Pairing)

페어링(Pairing)이란 컨트롤러와 드론의 통신 설정을 같게 하여 연결하는 것을 말합니다. 페어링하면 다른 장치의 간섭 없이 두 장치끼리만 통신을 주고받을 수 있게 됩니다.

한번 컨트롤러를 페어링하고 나면 드론의 배터리를 다시 연결하거나 컨트롤러의 전원을 끄고 켜도 계속 페어링 되어 있습니다. 하지만 사용 중에 페어링 상태가 해제되거나 드론이나 컨트롤러를 새로 구매한 경우에는 다시 페어링해야 합니다.

페어링하기 위해서는, 배터리를 드론에 연결하고 드론을 빠르게 10회 이상 흔듭니다.

컨트롤러와 드론이 페어링 되어 있지 않았으면 드론 LED가 같은 색깔로 계속 깜빡이고 드론이 페어링할 준비가 되면, 드론의 LED가 빨간색과 파란색이 번갈아 깜빡입니다. 이때 그림처럼 조종기의 페어링 버튼을 3초 이상 누릅니다.

페어링에 성공하면 드론의 LED는 깜빡이지 않고 계속 켜진 상태가 됩니다.

Chapter 2 드론 조종의 첫걸음

036

3. 캘리브레이션 · 호버링 · 트림

■ 캘리브레이션

드론을 호버링하려면 센서를 초기화해서 보정(Calibration)해야 합니다. 캘리브레이션은 '측정, 눈금'이란 뜻입니다. 드론에서 캘리브레이션은 센서의 0점을 맞추는 것을 의미합니다. IMU 센서를 이용해 바닥이 평평해서 드론이 잘 이륙할 수 있는지 확인합니다. 이런 '수평 보정'이 자동으로 진행되는 것을 '오토 캘리브레이션'이라고 합니다.

켈리브레이션(O)

켈리브레이션(X)

캘리브레이션을 잘못하면 드론은 기울어진 상태를 평평한 상태로 판단합니다. 그리고 이륙했을 때 기울어진 상태를 기준으로 수평 상태를 맞추려고 해서 드론이 기울어져서 제자리 비행을 할 수 없습니다.

■ 호버링

드론을 코딩해서 조종할 때 프로펠러나 모터 등 드론의 부품에는 이상이 없는데 드론이 이상하게 나는 경우가 있습니다. 여러 가지 원인이 있지만 호버링 문제일 가능성이 큽니다.

'호버링(Hovering)'이란 드론이 공중에서 일정한 높이를 유지하면서 제자리 비행을 하는 것으로, 모든 드론 동작의 기초가 됩니다. 제자리에서 비행하게 하려면 4개의 모터가 어느 한쪽으로 흐르지 않도록 회전해야 합니다.

자동으로 호버링 해주는 기능을 '오토 호버링(Auto Hovering)'이라고 합니다. 사용자가 컨트롤러에서 손을 떼도 자동으로 공중에 떠 있는 기능입니다.

오토 호버링   호버링이 없는 드론

■ 트림

오토 호버링이 있더라도 드론에 따라 비행환경이 달라서 비행할 때 기준점을 잡아야 합니다. 호버링할 수 있게 드론이 흐르는 방향을 잡아주는 기능을 '트림(Trim: 미세조정)'이라고 합니다. 만약 오른쪽으로 드론이 조금씩 움직이면 왼쪽으로 트림합니다. 반대인 경우는 오른쪽으로 트림합니다.

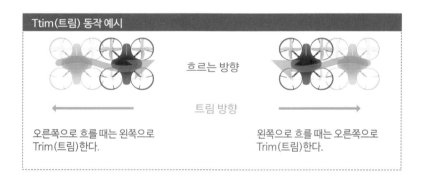

드론을 이륙시켜 흐르는 방향을 관찰합니다.

〈F〉, 〈B〉, 〈L〉, 〈R〉 버튼을 눌러서 드론이 한쪽으로 흐르지 않게 합니다.

트림 버튼을 누를 때마다 컨트롤러에서 소리가 납니다. 하지만 최대치까지 바뀌면 소리가 나지 않습니다.

┃트림조정 방향

┃드론이 흐르는 방향

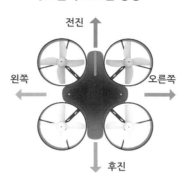

전진

왼쪽 　　　　 오른쪽

후진

트림 설정으로도 정상적인 비행이 어렵다면 평평한 곳에 놓고 전원 버튼을 짧게 눌러서 드론 센서를 리셋합니다.센서 리셋 중에는 드론 LED가 깜빡이며, 리셋이 완료되면 다시 LED가 켜진 상태가 됩니다.

**호버링은 드론 조종과 코딩에서
가장 중요한 드론 세팅 과정입니다.**

호버링을 처음 할 때는 익숙하지 않아서 어려울 수 있습니다.

공중에 드론을 띄운 다음 호버링될 때까지 트림 버튼을 누르다 보면, 드론이 이리저리 움직여서 당황할 때가 있습니다. 이럴 땐 드론을 이륙시켜 어디로 흐르는지 보고, 착륙시킨 다음에 트림 버튼을 눌러서 미세조정을 하고 다시 이륙시킨 후 확인하는 과정을 여러 번 해서 호버링하는 방법도 있습니다.

제자리에서 5초 정도 머물면 호버링이 잘 된 것입니다. 주변 환경 탓에 완벽히 정지해 있을 수는 없으며 어느 정도 움직이는 것은 괜찮습니다.

호버링이 잘 되면, 조종하는 대로 드론이 잘 움직입니다.

PYTHON & DRONE

4. 쓰로틀·롤·피치·요우

드론을 어떻게 움직일까요? 드론에서 사용하는 용어는 비행기 역학에서 사용하는 것에서 많이 따왔습니다. 아래는 비행기와 드론 사진입니다.

비행기가 세 축을 회전해서 움직이는 것처럼 드론도 움직일 때 세 축을 회전합니다. 드론이 정면을 가리키는 축이 롤(Roll) 축, 오른쪽을 가리키는 축은 피치(Pitch) 축, 아래를 가리키는 축은 요우(Yaw) 축입니다.

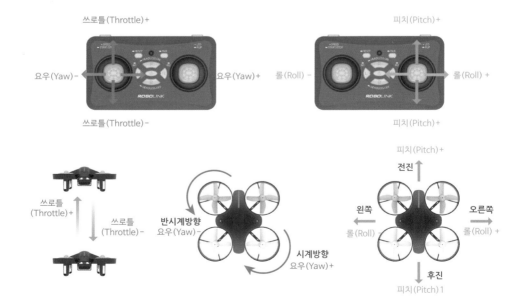

Memo

4. 쓰로틀 · 롤 · 피치 · 요우

파이썬과 드론

파이썬 첫걸음을 드론과 함께

Chapter 3

다양한 기능

DRONE

1. 시뮬레이터 살펴보기

드론을 처음부터 능숙하게 조종하거나 코딩할 수 있다면 좋겠지만, 생각보다 어렵습니다.

코드론 미니에는 드론을 처음 배우는 사람이나, 드론을 조종하고 싶지만 두려움을 가진 사람을 위한 시뮬레이터와 코딩을 쉽게 이해 할 수 있는 스크래치를 기반으로 하는 프로그램인 로킷 브릭을 사용 할 수 있습니다.

시뮬레이터와 로킷블릭은 "한 권으로 코딩과 드론 날로 먹기" 교재에 있으므로 여기서는 설치하는 방법 등만 간단히 설명하겠습니다.

인터넷 주소창에 〈http://www.robolinksw.com〉이라고 쓰고 로보링크 '교육 · 기술지원 웹 사이트'에 들어갑니다. 로킷 브릭을 다운로드한 것처럼 〈코드론 미니〉를 선택해서 드론 시뮬레이터 파일을 다운로드합니다.

압축 파일을 풀면 그림과 같은 아이콘이 생기고 아이콘을 더블클릭하면 시뮬레이터 프로그램이 실행됩니다.

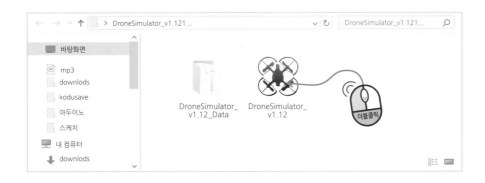

시뮬레이터나 로킷 브릭으로 드론의 센서값을 읽거나 조종하기 위해 드론 컨트롤러(조종기)를 PC와 연결하고 컨트롤러와 드론을 페어링하면 됩니다.

▶ USB 케이블을 PC(노트북)에 연결합니다.
▶ 마이크로 5핀 단자를 조정기(컨트롤러) 포트에 연결합니다.

그리고 코딩하여 드론을 움직이려면 조종기와 조종기 USB 드라이버가 필요합니다. '드라이버(Driver)'란 '컴퓨터와 연결된 특정 장치와 통신하여 이를 제어하는 역할을 하는 프로그램'을 말합니다. 보통 '장치 드라이버'라고 하는데 '장치(Device)'란 컴퓨터에 연결된 주변기기들을 의미하며 이런 각각의 하드웨어 장치를 제어하는 기능을 가진 프로그램이 바로 드라이버입니다. 마우스처럼 컴퓨터에 연결하면 자동으로 설치되는 드라이버도 있지만, 사용자가 직접 설치해야 하는 드라이버도 있습니다.

컴퓨터 운영체제가 Windows 10인 경우 컨트롤러와 컴퓨터를 USB로 연결하면 자동으로 컨트롤러 USB 드라이버가 자동 설치됩니다. 하지만 Windows 7과 Windows 8에서는 드라이버를 수동으로 설치해야 합니다. 로보링크 '교육 · 기술지원 웹사이트'로 가서 USB Helper Download를 클릭하여 다운로드 합니다. 압축 파일을 풀고, 드라이버 설치 프로그램을 실행합니다.

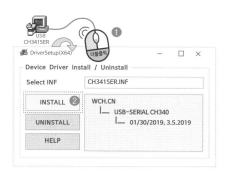

〈장치 관리자〉에서 컨트롤러가 잘 연결되었는지 확인할 수 있습니다. 그림과 같이 '장치 관리자'를 검색하면 〈장치 관리자〉 창이 나옵니다.

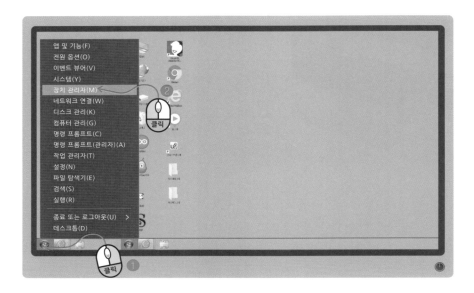

다른 방법으로 〈내 PC〉에서 〈속성〉을 선택하고 〈장차 관리자〉 클릭해도 됩니다.

〈장치 관리자〉 창에서 포트를 선택합니다. 연결이 잘 되었다면 그림과 같은 포트가 보입니다. COM 뒤에 오는 숫자는 컴퓨터마다 다를 수 있습니다

Windows 7이나 Windows 8도 마찬가지입니다. 장치 이름이 'STMicroelectronics virtual COMport'로 표시될 수도 있습니다.

■ 드론 조종하기

시뮬레이터로 드론을 조종해 보겠습니다.아이콘을 더블클릭 하여 프로그램을 실행하면 그림과 같이 선택창이 나옵니다. 〈CoDrone MINI〉 메뉴에서 〈Training〉을 클릭합니다.

시뮬레이터 화면이 나오고 실제 드론과 마찬가지로 가상의 드론 역시 모든 기능은 '이륙'한 후에 사용할 수 있습니다

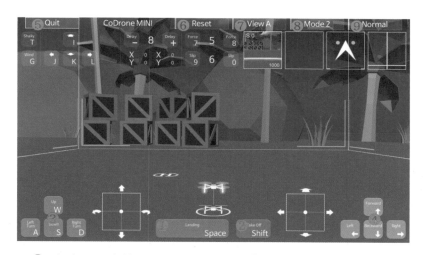

❶ 1초간 누르면 착륙.   ❷ 1초간 누르면 이륙.
❸ 상,하 이동과 제자리 회전.   ❹ 전,후, 좌, 우 이동.
❺ 연습 모드를 끝낼 때.   ❻ 다시 시작하고 싶을 때
❼ 화면 시점 바꾸기.   ❽ Mode변경.
❾ 헤드리스(Headless) 모드 변경

■ 드론 정보 확인하기

드론에는 여러 가지 센서가 들어있습니다. 이 센서값을 읽어서 드론의 정보를 확인할 수 있습니다.

드론의 정보를 확인하기 위해서는 컨트롤러와 드론을 페어링하고 USB 케이블로 컨트롤러와 컴퓨터를 연결합니다.

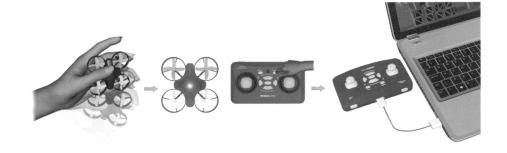

시뮬레이터로 드론을 조종할 수 있고, 다양한 정보와 센서값을 읽을 수도 있습니다. 시뮬레이터로 드론의 정보를 확인해 보겠습니다.

시뮬레이터 프로그램 실행하고 〈Connect D〉-〈연결된 포트 번호〉를 순서대로 클릭합니다.

그러면 다음과 같이 드론의 상태를 알수 있는 창이 열립니다 .

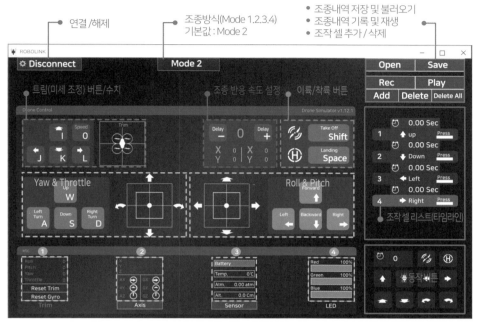

- 연결 /해제
- 조종방식(Mode 1.2.3.4)
  기본값 : Mode 2
- 조종내역 저장 및 불러오기
- 조종내역 기록 및 재생
- 조작 셀 추가 / 삭제

트림(미세 조정) 버튼/수치　　조종 반응 속도 설정　　이륙/착륙 버튼

조작 셀 리스트(타임라인)

동작버튼

① 트림(trim)값 모니터

② 가속도, 자이로 센서 (IMU)
X,Y,Z : 가속도 센서 값
AX, AY, AZ : 드론의 회전 각도 (Angle)
GX, GY, GZ : 자이로 센서 값 (Gyroscope)

③ 잔여 배터리 양 / 드론의 온도 /
기압 값 / 높이 값

④ 드론 LED 색 변경 슬라이드

〈이륙〉 버튼을 잘못 누르면 드론이 위로 뜹니다. 이때는 〈스페이스〉 키를 한 번 눌러서 착륙하거나 빠르게 두 번 눌러서 긴급착륙을 해야 합니다. 이 책에서 사용하는 코드론은 2, 3번 정보를 확인할 수 없습니다.

4번 가속도, 자이로센서 메뉴를 두 번 클릭하면 제미있는 게임도 할 수 있습니다.

2. 로킷블릭 살펴보기

드인터넷 주소창에 http://www.robolinksw.com/을 입력해 로보링크 '교육 · 기술지원 웹사이트' 로 갑니다.

페이지에서 〈다운로드〉를 클릭하고 〈코드론 미니〉를 클릭합니다.

컴퓨터 운영체제에 맞는 프로그램을 다운로드합니다. 다운로드한 로킷 브릭으로 로보링크의 다양한 드론을 코딩할 수 있습니다.

〈내 컴퓨터〉에서 마우스 오른쪽 버튼을 눌러 〈속성〉을 클릭하면 운영체제의 종류를 확인할 수 있습니다.

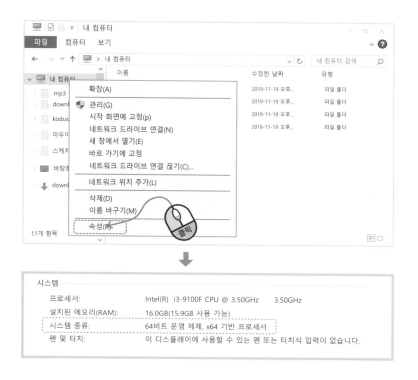

다운로드한 zip 압축 파일을 풀면 폴더가 하나 생깁니다. 폴더를 클릭하면 아래와 같은 파일들이 보입니다.

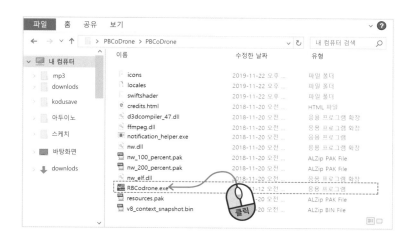

RBCodrone.exe 파일을 더블클릭해서 프로그램을 시작하면 다양한 드론을 선택할 수 있습니다. 왼쪽(〈) 버튼과 오른쪽(〉) 버튼으로 codrone MINI를 찾아 〈SELECT〉를 선택합니다.

프로그램을 실행하면 다음과 같은 화면이 나옵니다. 로킷 브릭은 다양한 창과 메뉴로 구성되어 있습니다.

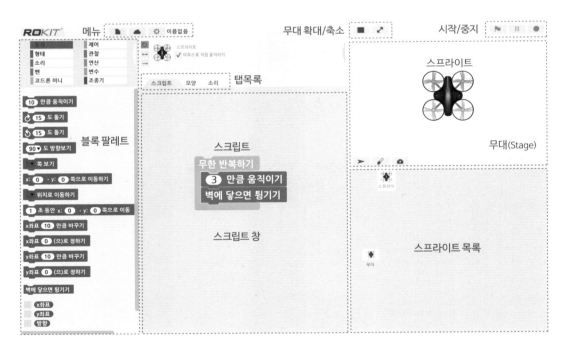

블록 팔레트	여러 블록 중 필요한 블록을 사용자가 쉽게 선택할 수 있게 카테고리에 따라 정리하여 보여줍니다.
메뉴	프로젝트 열기 및 저장을 비롯하여 로킷 브릭의 여러 옵션을 설정 할 수 있습니다.
스크립트 창	블록을 결합하여 스크립트를 작성하는 장소입니다.
탭 목록	각각의 탭을 클릭하면 스프라이트에 연결된 스크립트/그림 파일(모양)/음향 파일(소리)을 스크립트 창에서 보여줍니다.
무대(Stage)	스크립트를 작성한 후 실행하면 무대에 실행 결과가 나타납니다.
스프라이트 목록	현재 프로젝트에서 사용하고 있는 스프라이트의 목록을 보여줍니다.

로킷블릭 프로그램을 이용하여 드론을 블록코딩으로 조종할 수 있습니다.

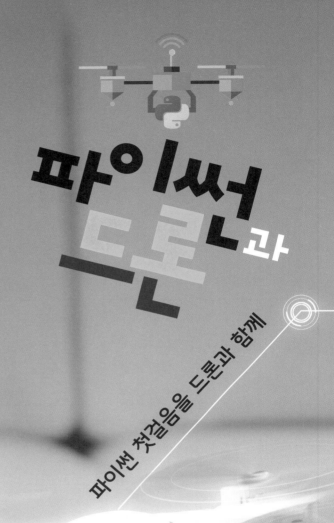

파이썬과 드론

파이썬 첫걸음을 드론과 함께

Chapter 4

처음 만나는 파이썬

1. 파이썬이란?

파이썬(python)은 네덜란드 개발자 귀도 반 로섬 (Guido van Rossum)이 만든 프로그래밍 언어입니다. 최근 들어 다시 주목을 받는 인공지능(머신러닝)이나 빅데이터 해석과 같은 연구에 많이 사용되고 있으며 구글(Google), 유튜브(Youtube), 미국항공우주국 (NASA)의 나사 웹 사이트, 핀터레스트 웹 사이트 등이 파이썬을 이용하여 서비스를 구축하였고, 인스타그램(Instagram)이나 핀터레스트(Pinterest) 등 웹 서

▲ 귀도 반 로섬 (Guido van Rossum)

비스, 페퍼(Pepper) 같은 인공지능 로봇 등도 파이썬으로 만들어져 있습니다.

■ 공개된 소프트웨어이다.

파이썬은 무료로 사용할 수 있으며, 설계도에 해당하는 소스코드를 바탕으로 누구나 사용 중 불편함을 개선하거나 재배포 할 수 있도록 되어 있습니다. 간단히 말하자면, 제작자와 이용자 모두가 만들어가는 소프트웨어가 되는 것입니다.

| 구글 안드로이드
(스마트폰 운영체제) | 크롬과 파이어폭스
(인터넷 브라우저) | 리눅스
(사물인터넷 운영체제) |

■ 문법이 쉽고 단순하다.

파이썬은 문법 자체가 아주 쉽고 간결하며 사람의 사고 체계와 매우 닮아있어 배우기 쉽습

니다. 아래는 파이썬과 자바로 같은 문자열을 출력하는 코딩입니다. 파이썬이 대괄호와 마침표 등이 적고, 명령어가 직관적인 것을 확인할 수 있습니다.

파이썬의 Hello world! 출력	JAVA의 Hello world! 출력

print("Hello, World!")	public class HelloWorld {
	    public static void main(String[] args) {
	        System.out.println("Hello, World!");
	    }
	}

■ 라이브러리가 다양하다.

파이썬은 자체에서 제공하는 라이브러리와 외부 라이브러리가 풍부하여 직접 개발하지 않아도 사용할 수 있는 오픈 소스가 많이 있습니다. 외부 라이브러리를 이용하여 수학과 과학은 물론 데이터 분석 및 시각화, 머신러닝 또는 AI 개발에 널리 사용되고 있습니다.

Pandas	matplotlib	NumPy	TensorFlow
데이터 수집 및 정리 라이브러리	데이터 시각화 라이브러리	수학 연산 라이브러리	머신러닝 라이브러리

■ 결과 확인을 하기 쉽다.

파이썬은 인터프리터(Interpreter)언어로, 소스 코드를 한 줄씩 읽어 처리하는 프로그램입니다. 프로그래밍을 대화식으로 할 수 있어서, 교육용으로 많이 사용됩니다. 대표적인 인터프리터언어로는 파이썬, 자바스크립트, 펄 등이 있습니다.

C, 자바는 컴파일러(Compiler) 언어로, 소스 코드를 일괄적으로 기계어로 번역해 놓기 때문에 번역 과정이 번거롭고 시간이 오래 걸리지만, 한 번 번역한 후에는 다시 번역하지 않으므

로 실행속도가 빠릅니다.

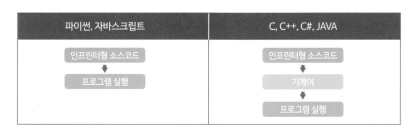

파이썬, 자바스크립트	C, C++, C#, JAVA
인프린터형 소스코드	인프린터형 소스코드
프로그램 실행	기계어
	프로그램 실행

■ 활용도가 높다.

파이썬으로 할 수 있는 일은 아주 많습니다. 많은 양의 데이터를 분석해서 가치 있는 정보를 추출하는 데이터 과학이나 인간의 사고를 모방하는 인공지능 분야에서도 많이 사용되고 있습니다. 파이썬으로 할 수 있는 일들을 나열하자면 끝도 없겠지만 아래와 같이 대표적인 것들이 있습니다.

파이썬을 프로그램하기 위해서는 프로그램 개발 툴이 필요합니다. 엑셀, 파워포인트, 워드, 한글과 같은 프로그램을 이용하는 것과 같습니다. 사용하는 프로그램언어, 문법은 같지만, 사용자의 특성이나 편의성을 고려하여 다양한 활용범위가 있습니다.

Jupyter notebook, PyCharm 등 다양한 툴이 있지만, 기본적으로 손쉽게 설치하고 사용하는 툴로는 pythone IDLE가 있습니다. 우리는 가장 기본적인 python IDLE 프로그램을 사용하겠습니다

확인 학습

1. 파이썬을 사용할 수 있는 프로그램은 어떤 종류가 있을까요?

2. 파이썬이 많이 사용되는 분야는 어떤곳일까요?

3. 파이썬은 누가 개발 하였을까요?

4. 파이썬을 이용한 인공지능 개발물로 어떤 것이 있을까요?

2. 파이썬 설치

검색 사이트에서 'python'이라고 검색합니다. 그리고 아래 그림에서 나오는 사이트(www.python.org)에 들어가거나 주소창에 직접 'www.python.org'라고 쓰고 엔터키를 눌러서 직접 사이트에 들어가도 됩니다.

파이썬 프로그램을 다운 받기 위해 〈Download python3.8.2〉박스를 클릭하면 그림과 같이 브라우저 창 아래에 다운받은 프로그램이 보입니다. 여기를 클릭하면 프로그램일 설치됩니다. 〈python3.8.2〉는 파이썬 버전을 말하며 계속해서 버전 업그레이드가 진행되고 있으므로 버전이 그림과 다를 수 있습니다.

다운로드 받은 파일을 설치하면 다음과 같은 설치 화면이 나옵니다. 프로그램을 설치할 때 영어나 어려운 말이 나오는데 걱정할 필요 없습니다. 실행, 확인, 동의(Accept), 다음(Next), OK, 설치(Install)라는 단어가 나오는 버튼을 계속 클릭하면 설치가 됩니다.

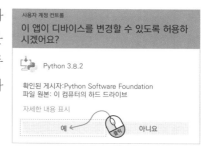

파이썬이 컴퓨터 어디에서는 실행될 수 있도록 'Add Python 3.8 to PATH'를 선택합니다. 이것을 '환경변수에 추가한다.'라고 말합니다.

'Add Python 3.8 to PATH'을 선택하지 하지 않으면 에러가 생길 수 있습니다. 설치가 끝나면 [close]를 클릭합니다.

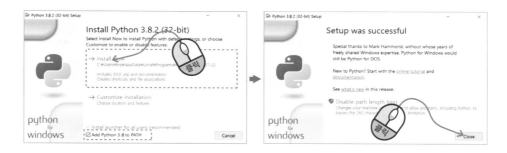

설치가 끝나면 프로그램목록에서 Python 3.8폴더 안에 IDLE (python 3.8 32-bit)가 보이는데 이 프로그램이 앞으로 우리가 사용할 파이썬 에디트 프로그램입니다.

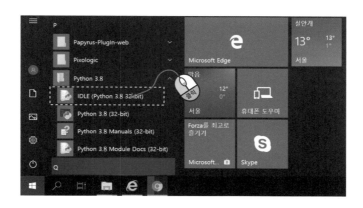

3. 파이썬 IDLE 실행

컴퓨터로 글을 쓸 때 워드나 한글과 같은 프로그램을 사용해야 합니다. 마찬가지로 파이썬 프로그램을 작성하기 위해 파이썬 IDLE를 사용해야 합니다. IDLE(Integrated DeveLopment Environment)는 '통합 개발 환경'이라는 뜻입니다. 파이썬 프로그램을 개발할 때 필요한 여러 가지 기능을 제공합니다. IDLE를 실행합니다.

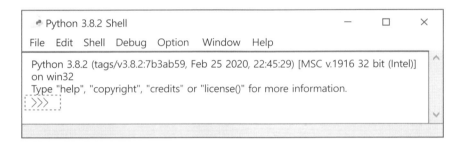

■ IDLE 쉘 창(Shell Window)

IDLE는 크게 두 가지 창이 있습니다. 하나는 IDLE 쉘 창(Shell Window)입니다. '〉〉〉' 표시가 있으며 이것을 프롬프트(prompt)라고 합니다. 이 프롬프트에 파이썬 문법에 맞는 명령을 내리면 컴퓨터가 여러분의 명령을 이해하고 실행합니다. 1+2를 입력시키고 Enter 키를 누르면 3이라는 값이 바로 나옵니다.

```
Python 3.8.2 Shell                                    —    □    ×
File  Edit  Shell  Debug  Option  Window  Help
Python 3.8.2 (tags/v3.8.2:7b3ab59, Feb 25 2020, 22:45:29) [MSC v.1916 32 bit (Intel)]
on win32
Type "help", "copyright", "credits" or "license()" for more information.
>>> 1+2
3
>>>
```

■ 리터럴(Literal)표기법

자료형이란 프로그래밍을 할 때 쓰이는 숫자, 문자열 등 자료 형태로 사용하는 모든 것을 말합니다. 프로그램의 기본이 바로 자료형이다.

어떤 자료형을, 어떻게 사용할지 아는 것은 프로그래밍에서 기본이라고 할 수 있습니다.

정수는 −1, 0, 1, 2와 같이 0과 양수, 음수로 된 수를 말합니다. 파이썬은 정수를 하나의 클래스로 생각합니다. 그리고 이 정수에 포함되는 0과 양수와 음수를 객체라고 생각합니다. 정수 객체가 사용할 수 있는 다양한 값(속성)과 기능(메소드)을 갖고 있습니다.

파이썬에서 정수를 사용할 때 "변수 이름 = 클래스이름( )"처럼 클래스를 사용하지 않아도 정수 객체를 만들 수 있습니다. 이런 방식을 〈리터럴 표기법〉이라고 합니다. 정수를 만들 때 리터럴 표기법을 이용해서 객체를 만듭니다.

문자열(String)이란 문자, 단어 등으로 구성된 문자들의 모임, 집합을 의미합니다. 예를 들어 다음과 같은 것들이 문자열입니다.

"Life is too short, You need Python"

"a"

"123"

리터럴이란 프로그래밍 언어로 작성된 코드에서 '값' 그 자체를 말합니다.

파이썬에는 다양한 종류의 리터럴이 있습니다. 여기서는 대표적인 리터럴의 종류를 간단히 알아보겠습니다.

숫자 리터럴은 정수, 실수, 복소수 리터럴 3가지가 있습니다.

문자 리터럴은 따옴표로 묶인 문자들을 말합니다.

논리값 리터럴은 True(참) 또는 False(거짓)값 중 하나를 가질 수 있습니다.

컬렉션 리터럴도 있습니다. 여러 개의 값을 갖는 리터럴입니다.

▶ [...]로 감싸져 있으면 리스트

▶ (...)로 감싸져 있으면 튜플

▶ { 키:값, ... }로 감싸져 있으면 딕셔너리

▶ { ... }로 감싸져 있으면 집합

리터럴은 값입니다. 셀에 입력하고 실행(Enter)하면 그 결과를 보여줍니다. '보여준다.'를 다른 말로 '출력한다.'라고 합니다. 숫자는 123이라고 입력하고 실행하면 자기 자신을 그대로 출력합니다.

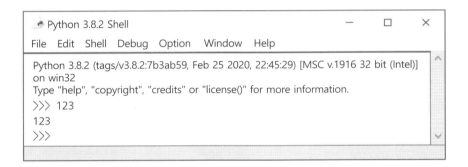

인사하기 위해 hello 라고 입력하면 생각지 못한 에러가 발생하게 됩니다.

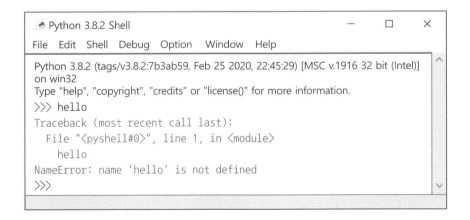

문자열을 출력할 때는 반드시 따옴표 " "를 사용해야 하며 큰따옴표나 작은따옴표 상관없이 사용 가능합니다.

```
🐍 Python 3.8.2 Shell                                    —    □    ×

 File  Edit  Shell  Debug  Option  Window  Help

Python 3.8.2 (tags/v3.8.2:7b3ab59, Feb 25 2020, 22:45:29) [MSC v.1916 32 bit (Intel)]
on win32
Type "help", "copyright", "credits" or "license()" for more information.
>>> 'hello'
'hello'
>>> "hello"
'hello'
>>> '안녕하세요'
'안녕하세요'
>>> print "12345"
'12345'
>>> print '*^ -^*'
```

■ 표현식(expression)

여러 개의 값을 하나로 묶어서 처리하는 방법도 있습니다.

이 방법을 표현식이라고 합니다. 표현식으로 만든 코드를 실행하면 값이 나옵니다.

```
🐍 Python 3.8.2 Shell                                    —    □    ×

 File  Edit  Shell  Debug  Option  Window  Help

Python 3.8.2 (tags/v3.8.2:7b3ab59, Feb 25 2020, 22:45:29) [MSC v.1916 32 bit (Intel)]
on win32
Type "help", "copyright", "credits" or "license()" for more information.
>>> 1+2
3
>>> "파이썬"+"프로그래밍"
'파이썬프로그래밍'
>>>
```

여기서 +와 같은 것을 연산자(operator), 양옆에 있는 것을 피연산자(operand)라고 합니다.

■ 출력하기(print)

파이썬과 소통할 수 있는 최소한의 문법을 사용해야 비로소 원하는 결과를 낼 수 있습니다. 원하는 문자나 문자열을 출력하기 위해서는 print라는 함수를 사용하고 순서에 상관없이 문자열과 숫자 사이를 쉼표(,)로 연결하여 문자열과 숫자를 함께 출력할 수도 있습니다.

```
Python 3.8.2 Shell                                    —    □    ×

File  Edit  Shell  Debug  Option   Window   Help

Python 3.8.2 (tags/v3.8.2:7b3ab59, Feb 25 2020, 22:45:29) [MSC v.1916 32 bit (Intel)]
on win32
Type "help", "copyright", "credits" or "license()" for more information.
>>> "합계는",3*5,"입니다."
('합계는', 15, '입니다.')
>>> print("합계는",3*5,"입니다.")
합계는 15 입니다.
>>>
```

■ IDLE 에디터 창(Editor Window)

IDLE 에디터는 메모장에 글을 쓰듯이 프로그램을 만들어서 실행합니다. 창에는 '>>>' 표시가 없고 여러 줄로 프로그래밍하고 한꺼번에 코드를 실행합니다. IDLE 쉘 창 열고 〈File〉-〈New File〉를 순서대로 클릭하여 에디터 창을 만듭니다.

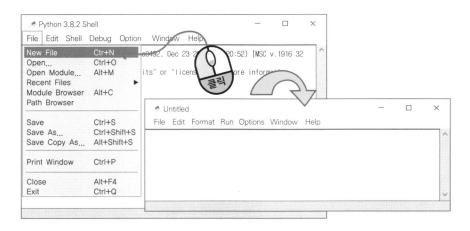

원하는 프로그램을 작성하여 실행 시킵니다.

실행시키는 방법은 두 가지입니다. Run 탭의 Run Module을 선택하거나 이의 단축키인 F5 키보드 버튼을 눌러도 가능합니다.

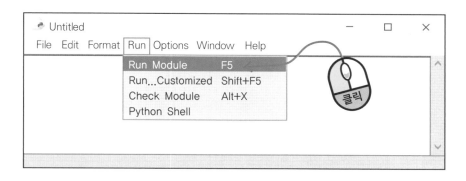

에디터 창을 실행하면 결과가 IDLE 쉘 창에 나타납니다.

파이썬 프로그램을 만들 때 중간중간 저장을 잘해야 합니다. 그렇지 않으면 어렵게 만든 프로그램이 날아갈 수도 있습니다. 〈File〉-〈Save〉를 순서대로 누르거나 Ctrl과 'S'키를 동시에 누르면 파일을 저장할 수 있습니다. 원하는 장소로 이동해서 파일을 저장합니다.

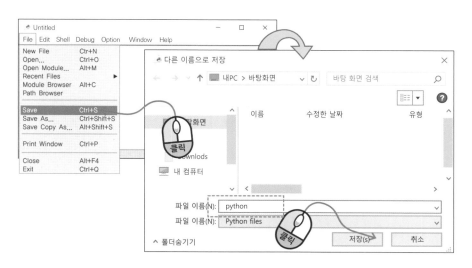

3. 파이썬 IDLE 실행

Chapter 4

프로그램을 만들다 보면 그림처럼 파일 이름 앞에 별표(*)가 붙는 경우가 있습니다. 별표(*)
는 아직 파일을 저장하지 않았다는 뜻입니다.

기초적인 것은 한 줄 프롬프트 방식을 활용하지만 우리는 앞으로 파일로 기록하고 저장할
수 있는 에디터 방식도 활용하도록 하겠습니다.

확인 학습

Chapter 4

1. 파이썬 IDE를 이용하여 다음과 같은 프로그램의 결과를 확인해보세요.

   1) 자기 이름 출력해보기

   2) 자기 소속 출력해보기

   3) 280000+45999

   4) Hello + 2334

2. 파이썬 IDE를 이용하여 다음과 같은 프로그램의 결과를 확인해보세요.

   1) print(5 0 0 + 3 0 0)

   2) print(" 5 0 0 " + " 3 0 0 ")

   3) print(" 5 0 0 + 3 0 0 ")

   4) print(" 5 0 0 " + 3 0 0)

3. 다음과 같은 결과가 나오려면 어떻게 프로그래밍해야 할까요?

   본인의 정보를 출력하기 위해 빈칸을 채우세요.

   print("저의 이름은 " +   + " 입니다. ")

   print("저의 나이는 " +   + " 세 입니다. ")

4. 다음과 같은 결과가 나오려면 어떻게 프로그래밍해야 할까요?

   안녕하세요. 안녕하세요. 안녕하세요. 안녕하세요. 안녕하세요.

3. 파이썬 IDLE 실행

069

파이썬과 드론

파이썬 첫걸음을 드론과 함께

Chapter

5

파이썬 시작하기

1. 클래스, 객체, 인스턴스

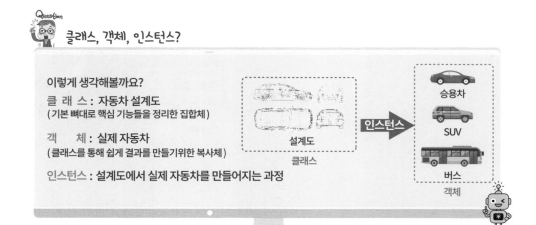

처음부터 클래스(class)와 객체(Object)라는 어려운 개념이 나왔습니다. 하지만 파이썬을 공부하려면 클래스와 객체를 잘 알아야 합니다.

클래스(class)란 똑같은 무엇인가를 계속해서 만들어낼 수 있는 설계, 틀과 같은 것이고 객체(object)란 클래스에 의해서 만들어진 물건, 실체를 뜻합니다.

클래스를 '자동차의 설계도', 객체는 '실제로 만든 자동차'라고 생각하면 됩니다.

클래스에 의해서 만들어진 객체에는 중요한 특징이 있습니다. 그것은 객체별로 독립적인 성격을 갖는다는 점입니다. '실제로 만든 자동차'의 바퀴를 바꾸거나 유리창이 깨져도 다른 자동차는 아무런 영향을 받지 않습니다. 마찬가지로 같은 클래스에 의해 생성된 객체들은 서로에게 전혀 영향을 주지 않는다.

클래스에 의해서 만들어진 객체를 인스턴스(instance)라고도 한다. 그렇다면 객체와 인스턴스의 차이는 무엇일까요? 인스턴스라는 말은 특정 객체가 어떤 클래스의 객체인지를 관계 위주로 설명할 때 사용됩니다. 즉, 클래스와 구체적인 객체 사이의 관계에 초점을 맞출 때 인스턴스라는 말을 사용합니다.

"트럭은 인스턴스" 보다는 "트럭은 객체"라는 표현이 어울리며, "트럭은 자동차의 객체" 보다는 "트럭은 자동차의 인스턴스"라는 표현이 훨씬 잘 어울립니다.

객체는 프로그램에서 구현할 대상입니다. 클래스의 정의대로 만들어진 실체입니다. 인스턴스는 설계도를 바탕으로 프로그램에서 구현된 구체적인 실체를 말합니다. 객체를 프로그램에서 실체화하면 그것을 인스턴스라고 부릅니다. 이 인스턴스는 메모리에 할당됩니다. 객체가 메모리에 할당되어 실제 사용될 때 인스턴스라고 부릅니다. 인스턴스는 객체에 포함된다고 볼 수 있습니다.

객체지향 프로그램(Object Oriented Programming-OOP)은 객체라는 것을 중심으로 프로그래밍하는 방법입니다.

"인간은 본능적으로 세상을 독립적이고 식별 가능한 객체의 집합으로 바라본다."라는 말이 있습니다. 객체지향 프로그램은 좀 더 사람이 생각하는 방식에 가까운 프로그램을 할 수 있도록 도와주는 방법입니다.

파이썬에서 모든 것은 객체로 만듭니다. 객체가 있다는 것은, 객체를 만들 수 있는 클래스가 있다는 뜻입니다. 따라서 파이썬에서 프로그래밍하는 모든 것은 클래스로 만들어졌다고 표현할 수 있습니다. 1, 2, 3과 같은 정수나 1.5, 2.4, 3.9와 같은 실수도 마찬가지입니다. 클래스로 숫자를 다룰 수 있는 객체를 만들어서 사용합니다.

우리가 드론(클래스)를 설계할 때 여러 가지를 정해야 합니다. 색깔을 어떻게 할 것이며, 프로펠러는 몇 개 달고, 모터는 어떤 것을 사용할지 정해야 합니다. 색깔, 바퀴 수, 엔진 등이 드론의 특징이자 데이터이고 이것을 속성(attribute)이라고 합니다.

이렇게 만든 드론이 어떤 기능을 할지 정해야 합니다. 드론이 앞으로 갈 수도 있고, 위로도 갈 수 있습니다. 그리고 LED의 색을 을 바꿀 수도 있습니다. 이렇게 객체가 할 수 있는 기능을 메소드(method)라고 합니다. 클래스는 속성과 메소드의 집합이라고 할 수 있습니다.

속성과 메소드를 하나로 묶어서 처리하는 것을 객체지향 용어로 캡슐화(encapsulation)이라고 합니다.

속성(attribute)	메소드(method)
색깔	앞으로 가기
프로펠러 수	위로 가기
모터	LED색 바꾸기

파이썬도 객체로 프로그래밍할 수 있도록 속성과 메소드를 제공하고 직접 속성과 메소드를 만들 수도 있습니다.

파이썬에서 모든 것은 객체입니다. 객체는 각각의 타입이 존재하고 파이썬에서는 객체는 타입별로 같은 속성과 기능을 가집니다.

두 객체의 타입은 삼각형

두 객체의 타입은 오각형

파이썬에서 객체의 타입은 객체를 만든 클래스를 이야기합니다.

클래스를 만들 때 사용되는 키워드가 class입니다. 키워드는 파이썬이 특별한 일을 할 때 사용하는 단어입니다. 나중에 변수와 구분해서 사용해야 합니다.

키워드 class를 사용한 후에 클래스의 이름을 정합니다. 클래스 이름을 정할 때 대문자로 시작합니다. 이것을 명명 규칙(naming convention)이라고 합니다. 이 규칙을 잘 따라야 나중에 이름끼리 충돌하는 것을 막을 수 있습니다.

Myclass라는 클래스를 하나 만들었습니다. 이렇게 클래스를 만드는 것을 '정의한다.'라고 표현합니다.

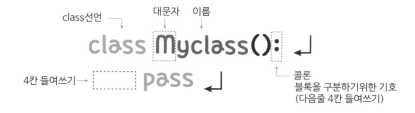

클래스 이름, 괄호(( )) 그리고 끝에 콜론(:)를 사용합니다.

파이썬의 특징인데 클래스를 만들려면 클래스 이름 다음에 콜론(:)를 붙여야 합니다. 그리고 엔터를 칩니다. 그러면 그 다음 줄은 자동으로 들여쓰기가 됩니다.

클래스가 아무 일도 하지 않게 만들고 싶을 때는 pass라고 쓰면 됩니다. pass문은 아무 기능이 없다는 뜻입니다.

Myclass라는 클래스가 하나 만들어졌습니다. 클래스를 만든 후에 인스턴스를 만들어서 사용하려면 변수 이름과 클래스 이름에 괄호를 붙여서 표현식을 작성합니다. 이렇게 만든 객체는 메모리에 저장됩니다.

print( )명령으로 변수 My에 저장된 객체를 확인할 수 있습니다.

Myclass 라는 클래스로 만들어졌다는 것을 알 수 있습니다. 'at' 다음을 보니 16진수로 된 값이 있습니다.

16진수는 0부터 9, A부터 F까지의 숫자나 문자로 값을 표현합니다. 객체를 만들면 다른 객체와 구별할 수 있어야 합니다. 16진수의 값으로 객체를 구별합니다. 이 값을 레퍼런스 값이라고 합니다. 메모리의 어디에 저장되었는지 알려주는 것입니다.

```
Python 3.8.2 Shell                                    —    □    ×

File   Edit   Shell   Debug   Option   Window   Help

Python 3.8.2 (tags/v3.8.2:7b3ab59, Feb 25 2020, 22:45:29) [MSC v.1916 32 bit (Intel)]
on win32
Type "help", "copyright", "credits" or "license()" for more information.
>>> class Myclass(object):                    ← class 정의
        pass

>>> My = Myclass()                             ← class 저장
>>> print(My)                                  ← class 확인
<__main__.Myclass object at 0x0382A298>        ← My는 Myclass
>>>
```

클래스와 인스턴스의 관계를 확인할 수도 있습니다. isinstance를 사용하면 인스턴스가 어떤 클래스로 만들어졌는지 알 수 있습니다.

"이것은 인스턴스"라고 묻는 것입니다. My라는 객체가 Myclass 클래스로 만들었다면 True(참), 아니면 False(거짓)가 됩니다.

```
Python 3.8.2 Shell                                    —    □    ×

File  Edit  Shell  Debug  Option   Window   Help

Python 3.8.2 (tags/v3.8.2:7b3ab59, Feb 25 2020, 22:45:29) [MSC v.1916 32 bit (Intel)]
on win32
Type "help", "copyright", "credits" or "license()" for more information.
>>> class Myclass(object):
        pass
>>> My = Myclass()
>>> print(My)
<__main__.Myclass object at 0x0382A298>
>>>isinstance(My, Myclass)
True                                          ← 같은class
>>>
```

2. 이름공간(Namespace)

 변수의 이름을 막 만들어도 되나요?

변수의 이름은 여러분이 직접 만들 수 있지만 그래도 지킬 것이 있어요.
1) 한글은 안된다. "이름"
2) 숫자는 안된다. "1004"
3) 첫글자에 숫자가 포함된 문자는 안된다. "2PM"

파이썬은 모든 것을 값으로 처리합니다.

프로그램을 작성한다는 것은 값을 저장하고, 필요할 때 이값을 읽어 여러가지 처리를 한다는 뜻입니다. 프로그램에서 이 값을 관리하는 기준이 필요하며 파이썬은 이름공간(Namespace)을 만들어 관리합니다. 변수의 이름은 직접 만들 수 있지만 이름을 정할 때 규칙(명명규칙(naming convention))이 있습니다.

▶ 영문자(대, 소문자 구분), 숫자, 언더바(_)를 사용할 수 있다.

▶ 첫 자리에는 숫자를 사용할 수 없다.

▶ 파이썬 키워드는 변수 이름으로 사용할 수 없다.(False, None, True, and, as, assert)

그리고 a, b, c 같은 간단한 변수명이나 어려운 변수명을 만들 수 있지만, 가장 좋은 변수명은 변수명만 읽고도 그 의미를 쉽게 알 수 있도록 만들어야 합니다.

IDLE 쉘 창 열고 〈File〉 → 〈New File〉를 순서대로 클릭하여 에디터 창을 만듭니다.

에디터 창에 프로그래머가 많이 사용하는 var로 변수를 만들고 숫자와 문자열 2가지를 차례대로 입력합니다.

$var1 = 10$

$var2 =$ "파이썬 드론"

을 입력하고 이름을 예제1로 저장합니다.

var1은 정수형 변수, var2는 문자열 변수입니다. 단축키 F5 키보드 버튼을 눌러 실행하면 print(var1)을 출력하면 10이 나오고

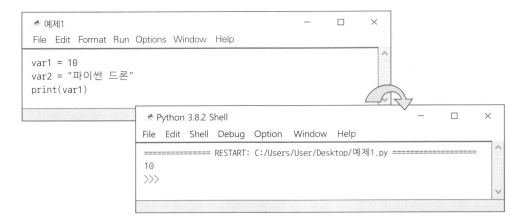

print(var2)을 출력하면 파이썬 드론이 나옵니다.

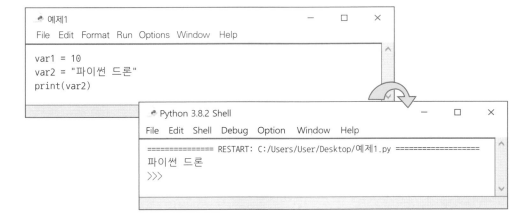

여러 개의 변수를 출력하기 위해서 print(var1, var2, var3, ...)을 입력하면 됩니다.

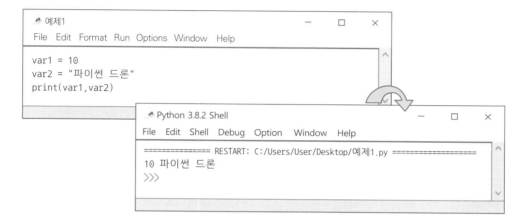

3. 상수와 변수

 상수, 변수?

이렇게 생각해 볼까요.
상수 : 항상 똑같은 수
변수 : 변할 수 있는 수

프로그램언어 책을 보면 상수, 변수가 등장합니다. 우리가 흔히 사용하는 단어가 아니라서 의미를 파악하기 쉽지 않을 수도 있겠지만, 상수는 1, 2, 3, 4……과 같이 바뀌지 않고 항상 같은 값이며, 변수는 그 값이 계속 바뀌는 값을 의미합니다.

컴퓨터에서 처리되는 값은 메모리의 어딘가에 있게 됩니다. 이를 적재(Load)된다고 하고 컴퓨터에서 뇌의 역할을 하는 CPU는 이 메모리에서 값을 찾아서 여러 가지 일을 합니다.

CPU가 값을 찾기 위해서는 그 값이 어디에 있는지 알아야 합니다. 이를 주소(address)라고 하고 이 메모리의 주소에 이름을 붙여서 사용하는 것이 변수입니다.

메모리 관리는 운영체제가 맡아서 합니다. 변수를 선언하고 값을 할당하면 운영체제가 알아서 현재 사용하지 않는 메모리를 찾아서 그곳에 변수 이름을 할당하고 할당된 메모리를 더 이상 사용하지 않으면 운영체제는 이 공간을 빈 영역으로 인식하여 다른 목적을 위해 사용할 수 있도록 합니다. 파이썬 모든 것을 변수에 저장해서 원할 때마다 사용할 수 있습니다.

파이썬의 변수는 C/C++ 같은 프로그래밍 언어와 달리 실제 값을 저장되는 공간 자체가 아닙니다. 값들의 임시 저장소로 사용하는 것입니다. 변수에는 값인 객체가 어디에 있는지 알려주는 주소인 레퍼런스(reference)만 저장합니다. 레퍼런스는 값이 메모리에서 어디에 있는지 알려줍니다.

프로그램을 만들 때 다양한 객체를 할당할 수 있는 이유는 단순히 레퍼런스만 저장하기 때문에 자료형의 종류와 상관없이 객체를 할당할 수 있습니다. 메모리에 접근할 수 있도록 '이름표'를 붙인 것이 변수입니다.

할당 연산자 또는 대입 연사자로 불리는, 등호(=)를 사용해서 변수가 값을 가리키게 할 수 있습니다.

변수 ┐   ┌ 값

age = 25

이 코드는 의미는 'age'라는 변수가 '25'라는 값을 가리키게 하라는 뜻입니다. 수학에서 등호 표시(=)는 같다는 뜻이지만, 파이썬에서 그 값을 가리키라는 뜻입니다. 이것을 바인딩(binding)한다고 합니다.

변수 age로 메모리에 저장된 값 '25'를 찾아서 사용할 수 있습니다. 이것을 '참조한다.'라고 표현합니다.

변수는 프로그래밍에서 반드시 알아야 할 개념입니다. 프로그램을 만들다 보면 같은 데이터를 여러 번 사용할 때가 있습니다. 프로그래밍할 때마다 여러 가지 데이터를 다 기억하면 정말 힘들겠죠? 이때 데이터를 직접 입력하기 보다는 변수를 이용해서 메모리 공간에 저장해 놓은 데이터를 사용하는 것이 편리합니다.

■ 변수의 종류

변수에는 숫자뿐만 아니라 문자열, 부울 형 등 다양한 것을 넣을 수 있지만 한 종류의 변수에는 같은 종류만 넣을 수 있습니다.

1) 문자열 자료형

A = 1을 만들면 정수형 변수이므로 중간에 A = "사과"와 같이 문자열 값을 넣어주면 오류가 발생합니다. 그래서 변수들을 만든 후에 각 변수들을 구분해서 종류에 맞게 변수형태를 사용해야 합니다.

변수를 사용하여 숫자와 문자열을 출력하는 방법을 좀 더 상세하게 알아보겠습니다. name 이란 변수를 만들고 문자열을 작성한 후 print( ) 명령으로 출력합니다.

```
Python 3.8.2 Shell                                     —    □    ×
File  Edit  Shell  Debug  Option  Window  Help
Python 3.8.2 (tags/v3.8.2:7b3ab59, Feb 25 2020, 22:45:29) [MSC v.1916 32 bit (Intel)]
on win32
Type "help", "copyright", "credits" or "license()" for more information.
>>> name = "나는 이현종 입니다."
>>> print(name)
나는 이현종 입니다.
>>>
```

하나의 변수에 여러 줄의 문자열을 넣어야 할 때 연속된 큰따옴표(" ") 혹은 작은따옴표(' ')를 사용하면 고 세 가지 경우가 나올 수 있습니다.

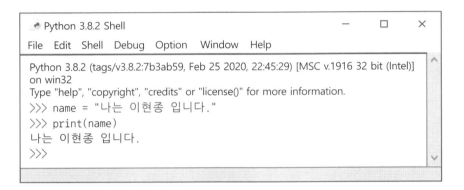

```
Python 3.8.2 Shell                                     —    □    ×
File  Edit  Shell  Debug  Option  Window  Help
Python 3.8.2 (tags/v3.8.2:7b3ab59, Feb 25 2020, 22:45:29) [MSC v.1916 32 bit (Intel)]
on win32
Type "help", "copyright", "credits" or "license()" for more information.
>>> print("100+200")
100+200
>>> print("100"+"200")
100200
>>> print(100+200)
300
>>>
```

▶ 첫 번째는 100+200이 문자열로 출력된 경우.

▶ 두 번째는 100과 200두 개의 문자열이 '+'로 연결되어 출력된 경우.

▶ 세 번째는 100+200이 계산되어 출력된 경우.

그리고 ("문자열"*숫자)를 통해 문자열을 반복하여 출력할 수도 있습니다.

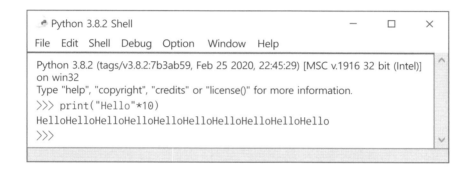

이스케이프 코드라고 하는 유익한 코드가 있습니다. 프로그램을 쉽게 작성할 수 있도록 미리 정의해둔 문자의 조합으로 " \ "를 사용합니다.

₩n	줄 바꾸기	₩a	경고음 울리기
₩r	커서를 맨 앞으로 옮겨서 덮어씌우기	₩b	글자 하나 지우기
₩t	키보드 탭처럼 4칸 띄어쓰기	₩000	널 문자
₩f	폼피드	₩'	작은따옴표 출력하기
₩₩	문자"₩"	₩"	큰따옴표 출력하기

이 중에서도 ₩n, ₩', ₩" 가 많이 사용됩니다.

" \ "표시는 키보드에 없는 것처럼 보이지만 " ₩ "와 같아 " ₩n "과 " \n"은 같은 것으로 인식됩니다.

2) 숫자 자료형(정수, 실수)

정수는 0과 자연수에 +, - 부호가 있는 양수, 음수를 포함한 숫자를 이고, 실수는 소수점을 사용하는 숫자로 덧셈, 뺄셈, 곱셈, 나눗셈등의 기본적인 연산을 수행할 수 있습니다.

```
Python 3.8.2 Shell                                  —    □    ×
File  Edit  Shell  Debug  Option  Window  Help
>>> n = 100
>>> n = n + n
>>> print(n)
200
>>> n = 100
>>> n = n - n
>>> print(n)
100
>>> n = 100
>>> n = n / n
>>> print(n)
50.0
>>> n = 100
>>> n = n * 2
>>> print(n)
200
>>> n = 100
>>> n = n / 9
>>> print(n)
11.11111111111111
```

 4칙연산 이외에도 상세한 연산을 좀 더 할 수 있습니다.

나머지를 구한다.	%
몫을 정수로 구한다.	//
지수를 구한다.	**

```
Python 3.8.2 Shell                                    —    □    ×
File  Edit  Shell  Debug  Option  Window  Help
>>> 7 % 4
3
>>> 7 // 4
1
>>> 3 ** 2
9
>>> 3 ** 3
27
>>>
```

3) bool형 (참과 거짓)

정수, 실수형, 문자열형 이외에 부울형이 있습니다. 참과 거짓 딱 2가지 값만을 가지고 있는 간단한 자료이고, 값도 True, False 2가지로만 정해져 있습니다.

간단한 자료이지만, 프로그램 중간중간 실제 확인하고 넘어가야 하는 중요한 흐름을 판단하는데 사용되는 매우 중요한 역할을 합니다. 특히 우리가 원하는 결과를 판단하는 변수로써 사용되며 자판기, 엘리베이터, 공장 등 다양한 기기의 내부 프로그램에서 활용됩니다.

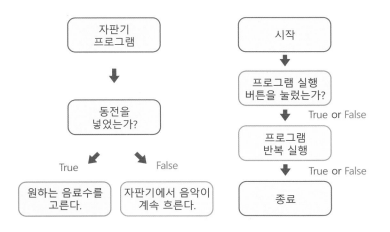

Chapter 5

3. 상수와 변수

085

if 조건문뿐만 아니라 다양한 조건문 및 판단 기억장소로도 bool 변수는 매우 중요하게 사용됩니다.

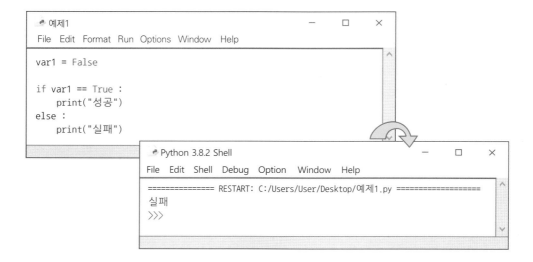

4. 데이터형 변환과 입·출력

Chapter 5

 데이터에도 종류가 있나요?

데이터형 변환

int( )　: 문자열로 된 숫자를 정수형으로 바꿔주는 데이터형 변환함수

float( )　: 일반 정수를 실수형으로 바꿔주는 데이터형 변환함수

str()　: 숫자, 정수등을 문자열로 바꿔주는 데이터형 변환함수

사용자 입력합수

input( ) : 사용자의 입력을 대기하는 함수

print( ) : 원하는 정보를 화면에 출력하는 함수

여러 형태의 파이썬 변수를 다루어 보았는데, c언어, 자바 등 다양한 프로그램언어들은 변수를 사용할 때 반드시 변수 종류를 의미하는 데이터형을 선언하게 되어있습니다.

정수를 담는 변수이면 int a = 3,

실수를 담는 변수이면 float b = 1.5,

문자열을 담는 변수이면 str c = "Hello",

참과 거짓을 구분하는 부울형 변수를 담으려면 bool d = true와 같이 데이터의 종류에 따라 변수의 형태도 달라집니다.

■ 데이터형 변환

파이썬은 별도로 변수 앞에 데이터형을 선언할 필요가 없는 것이 장점이 있지만, 서로 다른 형태의 변수에 원하는 값을 넣어야 할 때가 많이 있는데 이럴 때는 데이터형 변환을 거쳐

087

야 합니다. 그래서 type( )이라는 명령어를 통해 현재 변수의 데이터형을 확인합니다.

```
Python 3.8.2 Shell                                    —    □    ×

File  Edit  Shell  Debug  Option  Window  Help

Python 3.8.2 (tags/v3.8.2:7b3ab59, Feb 25 2020, 22:45:29) [MSC v.1916 32 bit (Intel)]
on win32
Type "help", "copyright", "credits" or "license()" for more information.
>>> num = 1              ← num이라는 변수를 만들고 정수 1을 할당
>>> type(num)            ← type( )명령어로 num의 데이터형 확인
<class 'int'>            ← num의 데이터형은 정수(int)
>>>
```

서로 다른 데이터형 변수를 한꺼번에 사용해보겠습니다. num은 정수형 변수이고 box는 문자형 변수입니다. 두 개의 값을 더하게 되면 서로의 데이터가 달라서 다음과 같은 오류 메시지가 나타나게 됩니다.

```
Python 3.8.2 Shell                                    —    □    ×

File  Edit  Shell  Debug  Option  Window  Help

>>> num = 5
>>> box = "10"
>>> print(num + box)
Traceback (most recent call last):
  File "<pyshell#32>", line 1, in <module>
    print(num + box)
TypeError: unsupported operand type(s) for +: 'int' and 'str'
>>>
```

오류를 수정하기 위해서 데이터변환이 필요합니다.

int( ), float( ), str( ) 명령어를 사용하여 데이터를 원하는 형태로 바꿀 수 있습니다.

```
Python 3.8.2 Shell                                —    □    ×
File  Edit  Shell  Debug  Option  Window  Help
>>> num = 5
>>> box = "10"
>>> print(num + int(box))
15
>>>
```

데이터변환형 명령어를 사용하면 여러 개의 변수를 원하는 형태로 표현할 수 있게 됩니다.
띄어쓰기를 추가하려면 단순 변수의 띄어쓰기를 하는 것이 아니라 원하는 곳에 " "와 같은
공백을 추가하면 원하는 띄어쓰기를 출력할 수 있습니다.

```
Python 3.8.2 Shell                                —    □    ×
File  Edit  Shell  Debug  Option  Window  Help
>>> num = 5
>>> name = "Robert"
>>> pi = 3.14
>>> print(str(num) + name + str(pi))
5Robert3.14
>>> print(str(num) + " " + name + " " + str(pi))
5 Robert 3.14
```

■ 입·출력

input( ) 함수를 사용하면 입력 값을 그대로 출력할 수도 있고 입력 값에 따라 다양한 결과가
나오게도 할 수 있습니다. 이러한 프로그램은 은행이나 회사에서 사용자 가입이나 등록을
하는 프로그램에서 많이 활용됩니다.

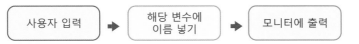

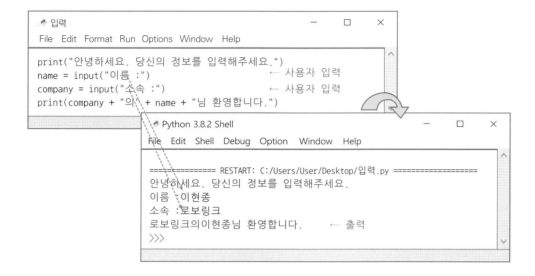

주의할 것은 기본적으로 문자열을 입력으로 받기 때문에 숫자를 사용할 경우는 int(input( ))
와 같이 정수형으로 만들어 사용해야 합니다.

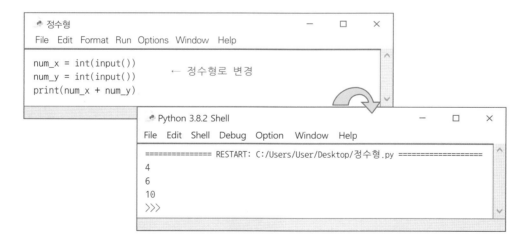

5. 함수·리스트·튜플·딕셔너리

 함수를 만들면 어떤 장점이 있나요?

함수는 한 번만 만들면 100번이든 1,000번이든 호출하기만 하면 되니까 매우 편리합니다.

print( ), input( ) 등 함수를 사용했습니다. 자주 반복되는 일련의 과정들을 함수로 만들어 주면 매우 편리합니다. 함수는 미리 정해둔 코드들을 실행하고 결과를 반환해주는 역할을 합니다. 자주 사용하는 일련의 과정들을 함수로 만들어 사용한다면 복잡한 코드를 간단하게 바꿀 수 있다.

어떤 값을 넣으면 1을 더해서 결과값을 출력해주는 함수가 있다고 하면 이 함수에 2를 입력하면 함수 안에서 입력 값에 1을 더해줍니다. 그러면 함수는 3을 반환 합니다 '함수에 값을 넣으면 계산된 값을 돌려준다.' 이것이 함수의 핵심입니다.

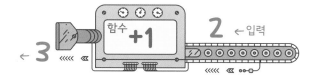

■ 함수 만들기

함수를 정의하기 위해서는 함수의 이름과 매개변수, 반환 값을 결정해야 합니다.

파이썬에서는 함수를 만들때 def라는 키워드를 사용합니다. definition의 약자로 definition은 '정의'라는 뜻 입니다. 함수를 만드는 것을 '함수를 정의한다'라고 합니다.

def는 함수를 만들때 사용하는 키워드(예약어)이고, 함수 이름은 우리가 마음대로 정할 수 있습니다. 함수 이름 뒤 괄호 안의 매개변수는 이 함수에 입력으로 전달되는 값을 받는 변수입니다.

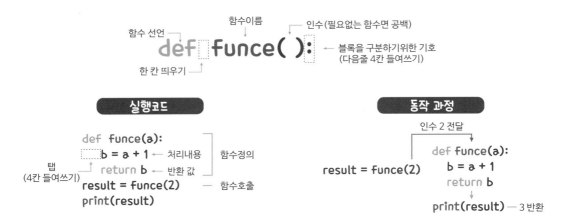

함수를 사용하는 것을 '함수를 호출한다.'라고 합니다

매개변수(parameter)와 인수(arguments)의 용어는 잘 이해해야합니다. 매개변수는 함수에 입력으로 전달된 값을 받는 변수를 의미하고, 인수는 함수를 호출할 때 전달하는 입력 값을 의미합니다. 인수로 정수, 실수, 문자열, 리스트 등 사용할 수 있습니다.

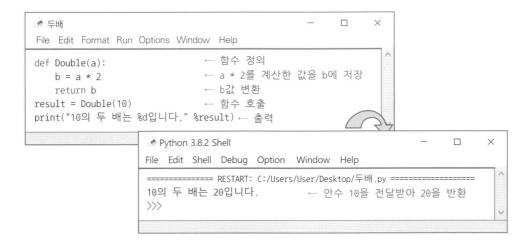

원하는 함수를 만들어 정의하고 그 다음부터는 원할 때 호출하면 됩니다.

괄호 안에 인자 수를 늘리거나 변경하면 원하는 입력값들을 다양하게 할 수 있는 것이 함수의 특징입니다.

1) count( ) 함수

count 함수는 파이썬 언어에서 자주 사용하는 계산함수입니다.

다음 예제를 통해 기능을 바로 확인할 수 있습니다. a라는 변수에 Hello, I am robert 라는 문장을 넣고 문장 전체에서 o 과 l spelling이 몇 개 있는지 카운트하는 예제입니다.

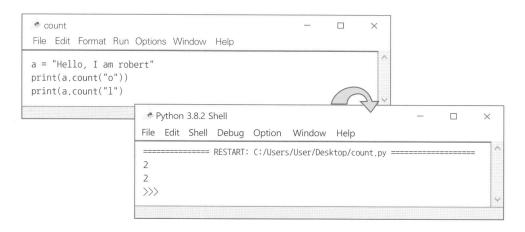

2) sum( ) 함수

파이썬에서 기본적으로 제공하는 함수 중에 모든 값의 합을 구하는 sum이라는 함수가 있습니다. a = [1, 2, 3, 4, 5]라는 리스트가 있고 모든 값의 합을 구하려면 sum(a)와 같이 할 수 있습니다.

만약 함수 자체에서 여러 개의 값을 사용하려면 *를 이용하면 됩니다.

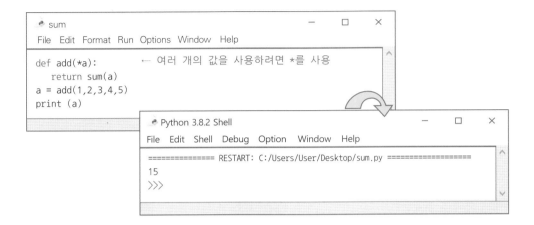

다음과 같이 sum함수를 이용하면 바로바로 원하는 모든 값을 더할 수 있는 사용자 함수가 됩니다.

■ 리스트(List)

변수들을 좀 더 편리하게 사용할 수 있는 리스트에 대해 알아보겠습니다.

변수 하나에는 하나의 값만 저장할 수 있지만, 리스트는 데이터를 여러 개 저장할 수 있는 자료구조입니다. 이런 자료구조를 배열이라고 합니다.

리스트 객체는 리터럴 표기법으로 만들 수 있으며 파이썬 리스트는 다른 배열과 달리 파이썬에서 만든 모든 자료형을 저장할 수 있습니다.

리스트 객체를 만들면 문자열 객체처럼 인덱스(순서)로 값을 찾을 수 있고 메소드를 사용하 리스트 객체에 값을 추가할 수 있습니다. 리스트에 들어가는 값을 원소라 합니다. 사용방법 은 리스트 이름에 대괄호([ ])를 사용합니다.

리스트 이름 ⟶   인덱스 요소

a = [값1, 값2, 값3, 값4]

앞으로 세는 순서   (0)   (1)   (2)   (3)

뒤로 세는 순서   (-4) (-3) (-2) (-1)

1) 리스트 인덱스 검색

인덱스 검색한다는 것은 내부의 위치정보로 값을 검색한다는 뜻입니다.

```
Python 3.8.2 Shell                                    —    □    ×
File  Edit  Shell  Debug  Option  Window  Help
>>> list = [1, 2, 3, 4]  ← 리스트 생성
>>> print(list[2])       ← 앞에서 세 번째 요소가 출력(0번 부터 시작)
3
>>> print(list[-1])      ← 뒤에서 첫 번째 요소가 출력
4
```

2) 요소 추가

append함수를 사용하여 리스트에 요소를 추가할 수 있습니다.

```
Python 3.8.2 Shell                                    —    □    ×
File  Edit  Shell  Debug  Option  Window  Help
>>> list = ["a", "b", "c"]        ← 리스트 생성
>>> list.append("d")              ← "d" 요소 추가
>>> print(list)
['a', 'b', 'c', 'd']              ← 출력
```

3) 원하는 위치에 요소 추가

append 함수처럼 리스트의 마지막 자리가 아닌 원하는 위체에 값을 넣고 싶을 때는 insert
함수를 사용하면 됩니다.

```
Python 3.8.2 Shell                                      —    □    ×

File   Edit   Shell   Debug   Option   Window   Help

>>> list = [1,2,3,4,5]        ← 리스트 생성
>>> list.insert(2,9)          ← 2번째 리스트 다음에 9 추가
>>> print(list)
[1, 2, 9, 3, 4, 5]            ← 출력
```

■ 튜플(tuple)

튜플(tuple)은 리스트와 거의 비슷합니다. 리스트와 다른 점은 다음과 같습니다.

▶ 리스트는 대괄호([ ])를 사용하고 튜플은 괄호(( ))를 사용한다.

▶ 리스트는 그 값의 생성, 삭제, 수정이 가능하지만 튜플은 그 값을 바꿀 수 없다.

▶ 하나의 값을 가진 튜플을 만들 때는 반드시 쉼표를 붙여서 값이 하나만 있다는 것을 표현해야한다.(이 경우 괄호가 없어도 튜플이라는 것을 알 수 있다.)

■ 딕셔너리

딕셔너리는 키(Key)와 값(Value) 을 쌍으로 갖는 자료형 입니다. apple은 '사과'라는 뜻입니다. apple이 키(Key)라면 '사과'는 값(Value) 이라고 할 수 있습니다. 딕셔너리는 리스트처럼 인덱스를 써서 들어있는 값을 찾는 것이 아니라 키를 써서 찾습니다. 키를 찾아 짝을 이루는 값을 확인하는 것입니다.

딕셔너리는 중괄호({ }) 안에 키와 값이 넣어서 정보를 저장합니다. 키를 만들 때 유일한 값을 사용해야 합니다. 주민등록번호와 같습니다. 따라서 키에는 값이 바뀌는 객체가 올 수 없습니다. 키는 유일성을 유지하는 자료형만 사용할 수 있지만, 값으로는 모든 자료형을 사용할 수 있습니다.

dic = {'name':'pey', 'phone':'0119993323', 'birth': '1118'}

헬스클럽 회원이라면 "이름" = "홍길동", "나이" = 30, "생일" = "몇월 몇칠" 등으로 구분할 수 있습니다. 이것을 연관배열(Associative array) 또는 해시(Hash)라고 합니다.

6. 모듈

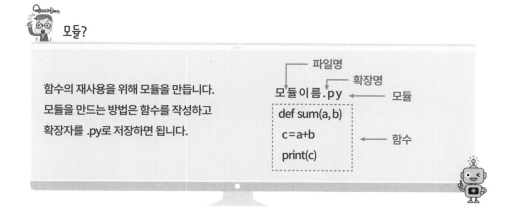

코드를 손쉽게 여러 번 사용하기 위해 함수를 사용합니다. 모듈도 마찬가지입니다. 누군가가 함수를 만들면 코드를 복사해서 프로그램에 '붙여넣기'합니다. 그리고 그 함수를 호출하면 됩니다.

그런데 함수의 코드를 모두 복사해서 사용하는 것은 번거롭고 잘못 복사한 경우 오류가 생길 수도 있습니다. 그러나 함수가 들어 있는 모듈을 임포트(import)하면 그 안에 있는 함수와 데이터를 모두 사용할 수 있어 코드를 복사해서 사용할 필요가 없어집니다.

모듈은 파일로 작성된 파이썬 관련 코드를 말합니다. 명령어 모음을 불러오는 것으로, 편리한 도구가 가득 있는 도구 상자를 불러오는 것입니다. 직접 사용자가 다양한 기능을 직접 구현해도 좋지만 잘 만들어진 것을 가져다가 쓰면 효과적이고 쉽게 프로그램할 수 있습니다.

■ 모듈 만들기

사칙연산 모듈을 만들고 모듈을 사용하여 자동으로 사칙연산을 하는 프로그램을 만들겠습니다. IDLE 에디터 창에 사칙연산으로 모듈을 만들고 이름을 module로 저장합니다.

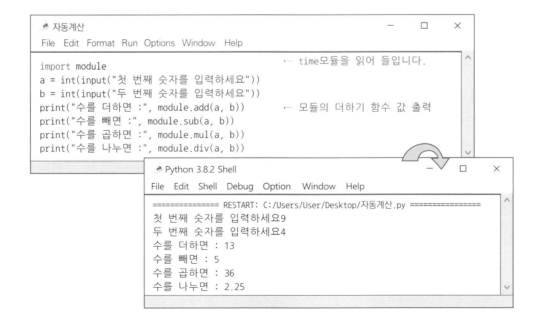

```
module                                      —  □  ×
File  Edit  Format  Run  Options  Window  Help
def add(a, b):      ← 더하기 함수
    return a + b    ← 더하기 값을 반환
def sub(a, b):      ← 빼기 함수
    return a - b
def mul(a, b):      ← 곱하기 함수
    return a * b
def div(a, b):      ← 나누기 함수
    return a / b
```

모듈과 호출 프로그램은 같은 폴더에 넣어줘야 하며, 프로그램의 규모가 커지는 경우 여러 폴더에 나눠서 저장해야 합니다. 호출할 때는 폴더명도 함께 넣어 경로를 지정해야 합니다.

■ import로 읽어 들이기

import는 다른 파일에 작성된 함수, 변수, 클래스 등을 사용하고 싶을 때 쓰이는 명령어입니다. 사용방법은 import 모듈명으로 간단하게 사용할 수 있습니다.

```
자동계산                                      —  □  ×
File  Edit  Format  Run  Options  Window  Help
import module                              ← time모듈을 읽어 들입니다.
a = int(input("첫 번째 숫자를 입력하세요"))
b = int(input("두 번째 숫자를 입력하세요"))
print("수를 더하면 :", module.add(a, b))    ← 모듈의 더하기 함수 값 출력
print("수를 빼면 :", module.sub(a, b))
print("수를 곱하면 :", module.mul(a, b))
print("수를 나누면 :", module.div(a, b))
```

```
Python 3.8.2 Shell                          —  □  ×
File  Edit  Shell  Debug  Option  Window  Help
============== RESTART: C:/Users/User/Desktop/자동계산.py ==============
첫 번째 숫자를 입력하세요9
두 번째 숫자를 입력하세요4
수를 더하면 : 13
수를 빼면 : 5
수를 곱하면 : 36
수를 나누면 : 2.25
```

모듈을 만들고 모듈을 가져와 사칙연산을 자동으로 계산하는 프로그램을 만들었습니다.

모듈 안에는 다양한 값과 함수들이 있고 '모듈이름.값' 또는 '모듈이름.함수' 같이 모듈이름에 점(.)을 찍어서 모듈 안에 들어있는 것을 사용할 수 있습니다.

예를 들어 '강아지'라는 모듈 안에 '짖기'라는 함수가 있다면 먼저 '강아지' 모듈을 임포트(import)하고 '강아지.짖기'라고 사용하면 됩니다. 점(.)을 찍고, 탭(tab)키를 누르면 사용할 수 있는 데이터와 함수 등이 나옵니다.

파이썬은 기본적으로 날짜(date), 시간(time), 랜덤(random) 등 다양한 모듈을 제공합니다. 기본 제공 모듈, 사용자가 만드는 모듈, 외부에서 만들어 제공하는 모듈 등을 모두 활용할 수 있습니다.

 1) 랜덤(random)

난수는 프로그램에서 자주 쓰이는 기능입니다. 파이썬이 기본으로 제공하는 random 모듈을 이용한 주사위 프로그램입니다. IDLE 에디터 창을 열고 random 모듈을 가져옵니다.

주사위에는 1 부터 6까지의 숫자가 있습니다. 이름을 dice로하여 1부터 6까지의 수를 원소로 하는 리스트를 만들고 무작위로 숫자가 출력되도록 합니다 결과는 1~6중 랜덤으로 1개의 숫자가 나오는 주사위가 만들어집니다.

주사위

File Edit Format Run Options Window Help

```
import random
dice = [1, 2, 3, 4, 5, 6]
print(random.choice(dice))
```

Python 3.8.2 Shell

File Edit Shell Debug Option Window Help

```
=============== RESTART: C:/Users/User/Desktop/주사위.py ===============
3
>>>
1
>>>
```

2) 시간(time)

파이썬이 기본으로 제공하는 time 모듈을 이용한 시간 재기 프로그램입니다. 자기가 느끼는 시간과 실제 시간이 얼마나 차이가 나는지 알 수 있습니다.

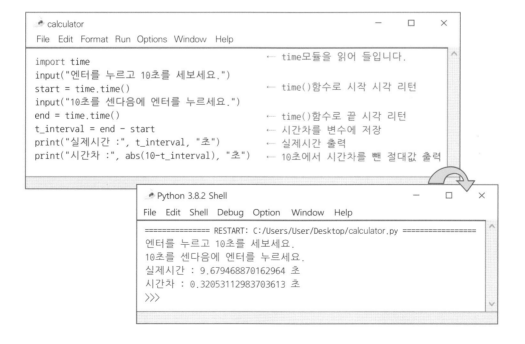

calculator

File Edit Format Run Options Window Help

```
import time                                    ← time모듈을 읽어 들입니다.
input("엔터를 누르고 10초를 세보세요.")
start = time.time()                            ← time()함수로 시작 시각 리턴
input("10초를 센다음에 엔터를 누르세요.")
end = time.time()                              ← time()함수로 끝 시각 리턴
t_interval = end - start                       ← 시간차를 변수에 저장
print("실제시간 :", t_interval, "초")           ← 실제시간 출력
print("시간차 :", abs(10-t_interval), "초")      ← 10초에서 시간차를 뺀 절대값 출력
```

Python 3.8.2 Shell

File Edit Shell Debug Option Window Help

```
=============== RESTART: C:/Users/User/Desktop/calculator.py ===============
엔터를 누르고 10초를 세보세요.
10초를 센다음에 엔터를 누르세요.
실제시간 : 9.679468870162964 초
시간차 : 0.32053112983703613 초
>>>
```

3) name 변수

파이썬의 __name__변수는 파이썬이 내부적으로 사용하는 특별한 변수 입니다.

모듈을 import 하여 함수를 불러올 때 원하지 않는 곳의 특정 부분의 코드까지 실행될 때도 있습니다. 이를 위해 if __name__ == "__main__"를 사용합니다.

직접 파이썬 명령어를 사용하여 명령을 실행할 때 서브 프로그램들이 존재하면 파이썬에서는 자동으로 글로벌 변수 __name__ 을 __main__ 으로 할당합니다. 그리고 if 문을 사용해서 __name__ 이 __main__ 인지 확인하여 맞으면 해당 if 문에 있는 내용을 실행합니다. 이러한 파일 간의 관계를 구분하고자 파이썬에서는 __name__ 이라는 글로벌 변수의 사용합니다.

폴더를 만들고 그 안에 두수의 합을 구하는 function.py과 function 모듈을 이용하여 구현할 call.py 2개의 프로그램을 만들고 실행하면 같은 결과가 나옵니다.

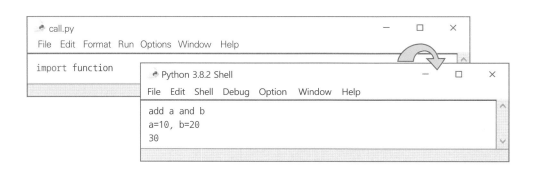

Chapter 5

6. 모듈

101

function.py 파일에 if __name__ == "__main__": 를 추가합니다.

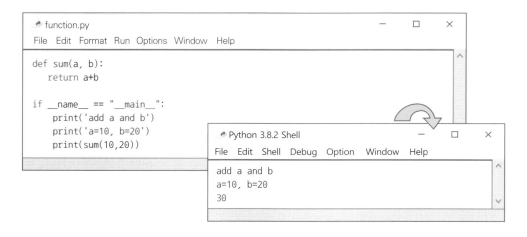

call을 실행할 때 function에서 if __name__ == "__main__"을 추가하고 call.py 에서 sum에 대한 부분만 실행하도록 할 수 있습니다.

 7장 드론 부분에서는 하드웨어를 다루는 기능들이 많이 들어있는 모듈을 사용하므로 name 변수 사용법을 꼭 기억해야 합니다.

확인 학습

1. 파이썬 IDE를 이용하여 다음의 빈칸을 채워보세요.

   a = "파이썬으로"

   b = (   )

   print (   )

   출력 결과 : 파이썬으로 드론 제어하기

2. 파이썬 IDE를 이용하여 다음과 같은 프로그램의 결과를 확인해보세요.

   1) "는"은 몇 번 나오는지 출력하는 프로그램을 만들어 보세요.

   "나는 파이썬을 이용하는 프로그래머가 되고 싶어"

   2) 14째부터 19번째 글자를 출력해보세요.

3. 아래의 코드를 보고 결과를 출력해보세요.

   list = [1, 2, 3, 4, 5]

   print(list)

   list.append(2)   =〉

   list.append(5)   =〉

4. 다음과 같은 결과가 나오려면 어떻게 프로그래밍해야 할까요?

   def color(str1, str2)

   (   )

   print(color('빨주노초','파남보'))

   결과   빨주노초파남보

PYTHON & DRONE

7. 조건문

알고리즘?

'알고리즘'은 어떤 목적을 이루려는 방법을 말합니다.
라면을 끓일 때도 알고리즘이 필요하며, 알고리즘은 다양하게 생각해 낼 수 있습니다.

무언가 목적이 있을 때, 사람들은 자연스럽게 어떤 순서로 할 것인지 생각하고 행동합니다. 하지만 컴퓨터는 명령대로만 움직이기 때문에 사람이 순서 즉 알고리즘을 생각하고, 프로그램을 컴퓨터에 입력시켜야 합니다. 이 작업을 프로그래밍 혹은 코딩이라고 합니다. 생활 속에서 찾을 수 있는 알고리즘은 중에 라면을 끓이는 2가지 알고리즘을 만들었습니다.

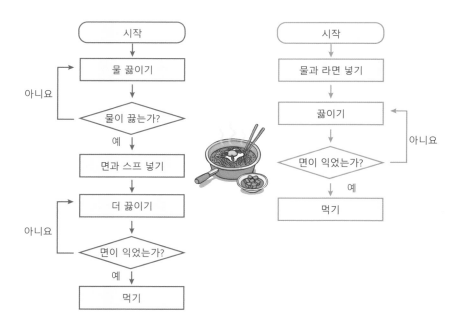

■ 조건문 만들기

인공지능뿐만 아니라 컴퓨터가 다양한 판단을 하기 위해 조건문이라는 것이 필요합니다.

조건문은 두 개 이상의 대상을 비교하여 코드를 실행시킬지 말지 결정해야 할 때 사용하며 조건을 만족하면 참이고 만족하지 못하면 거짓입니다.

더불어서 수십 개의 조건을 판단하여 원하는 결과를 만들어 주거나 우리가 사는 아파트의 엘리베이터, 자물쇠, 우리가 타고 다니는 자동차까지 모두 조건문으로 만들어진 프로그램을 통해 동작합니다.

1) if 조건문의 정의

조건문은 특정 조건을 만족하면 코드가 실행 되고 조건에 맞으면 실행되고 맞지 않으면 건너뜁니다. 조건문의 가장 기본적으로 사용하는 명령어는 if입니다.

```
Python 3.8.2 Shell                                    —    □    ×
File  Edit  Shell  Debug  Option  Window  Help
>>> a = 4
>>> if a > 3:
        print("Good")
Good
>>>
```

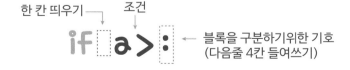

위의 if 문은 프로그램에서 가장 많이 쓰이고 있다고 해도 과언이 아닙니다. 그래서 더욱 사용방법에 대해 유의하여야 합니다.

if 문 뒤에 : 은 파이썬에서 한 블록(block : 구역)을 구분하기 위한 기호로 : 다음 문장부터 들여쓰기를 시작하겠다는 의미입니다. 앞부분에 공백을 갖는 것을 들여쓰기라고 하는데 키보드의 Tab 버튼으로 들여쓰기를 할 수 있으며 Shift + Tap 또는 ←(백스페이스)로 들여쓰기를 취소할 수 있습니다.

다른 프로그래밍 언어 (C나 JAVA 등등)에서는 단지 가독성을 높이기 위해 들여쓰기를 하는데 반해 파이썬에서 들여쓰기는 한 블록을 구분하는 중요한 의미이기 때문에 선택이 아니라 필수입니다.

따라서 if 문에서 〈참이면 실행할 문장〉은 꼭 들여쓰기로 표기되어야 합니다. 들여쓰기하지 않으면 if 문이 끝났다는 의미이기 때문에 평범한 문장이 됩니다. 대부분의 파이썬 IDE에서는 : 사용 시 다음 문장은 자동으로 들여쓰기가 됩니다. 그리고 if 문은 참과 거짓을 판별하는데 그 값이 나오게 하는 조건식을 만드는 방법을 알아야 합니다.

조건식	값
비교연산	<, >, <=, >=, = =, !=, is
논리연산	and, or, in, not
함수결과	함수의 실행결과가 참, 거짓인지 확인 할 때

이제 우리는 다음과 같이 파이썬으로 간단한 판단을 하고 아래의 결과가 참인지 거짓인지 컴퓨터가 확인할 수 있는 능력을 만들어 줄 수 있습니다.

a = 3, b = 2				
If a>b	If a<2	If a= =2	If b> =2	If a>2 and a<4
참	거짓	거짓	참	참

2) if 조건문의 종류

우리의 목표인 알고리즘을 구현하려면 if 조건문을 제대로 활용하여야합니다. 그렇기 위해서는 조건문의 종류를 잘 알아야합니다.조건문의 종류는 크게 4가지로 나눌수 있습니다.

▶ 1) if 문
▶ 2) if-else 문
▶ 3) if-elif문
▶ 4) if-elif-else 문

▶ 1) if 문

if는 우리 말로는 "만약~한다면"이란 뜻입니다. 조건문이 참일 때만 해당 문장을 실행하고 거짓이면 그냥 넘어가고 싶을 때 사용합니다

조건문 뒤에 콜론(:)을 꼭 붙여야 합니다. 조건문을 사용할 때 콜론을 붙이지 않아서 에러가 나는 경우가 종종 생깁니다. 조건문 뒤에는 꼭 콜론을 붙여야 합니다.

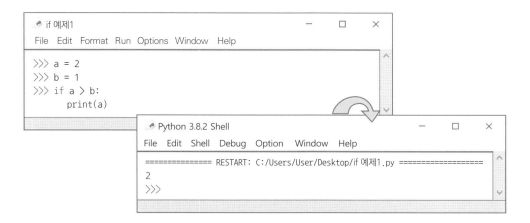

▶ 2) if-else 문

else는 '그렇지 않다면'이라는 뜻입니다. 조건을 만족시키면 키워드 if 다음에 있는 문장을 수행합니다. 그렇지 않다면 키워드 else 다음에 있는 문장을 수행합니다. 키워드 if만 써도 괜찮습니다. 하지만 else는 if 없이 바로 사용할 수 없습니다.

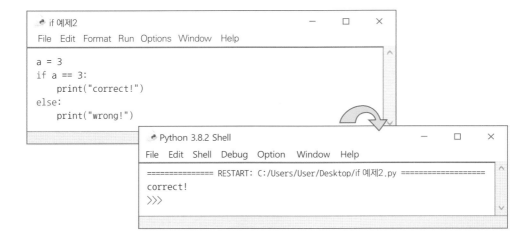

▶ 3) if-elif문

elif는 '그렇지 않고 만약에'라는 뜻입니다. 다른 프로그램언어에서는 else if로 사용하지만 파이썬에서는 줄여서 elif로 사용하고 조건대상이 다수의 값을 가질 때 사용됩니다.

1 if 조건식마다 대상(a, b, c)이 모두 다르고 별개의 결괏값을 얻고 싶을 때

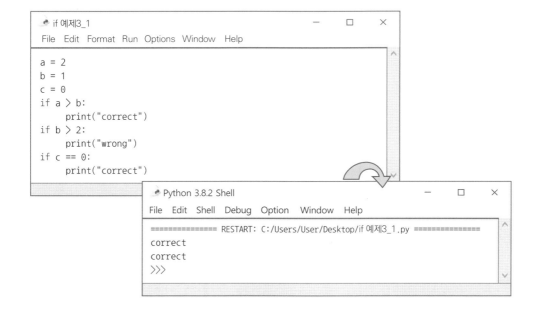

2 if 조건식에 대상(a)이 같고 다양한 결괏값 중의 하나를 얻고 싶을 때

```
a = 3
if a > 5:
    print("값이 큽니다.")
elif a < 5:
    print("값이 작습니다.")
elif a == 5:
    print("값이 같습니다.")
```

```
========== RESTART: C:/Users/User/Desktop/if 예제3_2.py ==========
값이 작습니다.
>>>
```

▶ 4) if-elif-else 문

if-elif에서 원하는 조건만 찾아내고, 그 외에 수많은 경우에 대해서 else를 통해 처리하고 싶을 때 사용합니다.

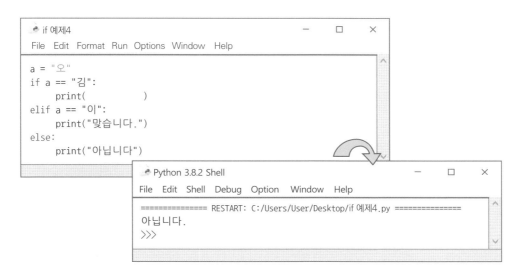

```
a = "오"
if a == "김":
    print(          )
elif a == "이":
    print("맞습니다.")
else:
    print("아닙니다")
```

```
============== RESTART: C:/Users/User/Desktop/if 예제4.py ==============
아닙니다.
>>>
```

7. 조건문

109

PYTHON & DRONE

3) 조건문 예제 만들기

1 점수를 입력하면 합격과 불합격을 출력하는 프로그램입니다. input를 사용하여 점수를 입력하도록 하고 if와 else를 사용하여 70점이상이면 "합격 입니다." 미만이면 "불합격 입니다." 를 출력합니다.

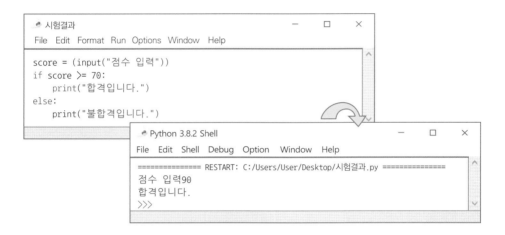

2 연산자를 입력하면 어떤 연산자인지 출력하는 두 개의 프로그램입니다.

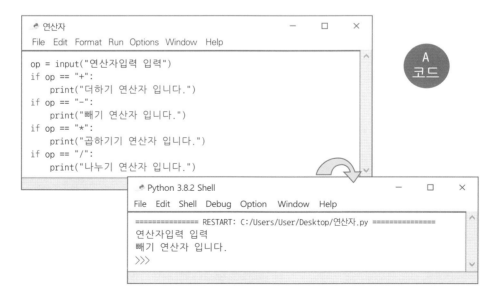

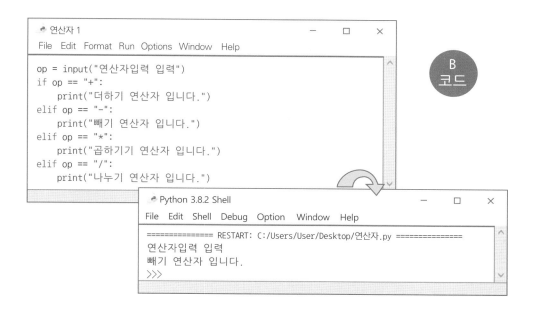

A코드는 if문 4개의 실행을 하지만 B코드는 원하는 조건만 찾으면 나머지 조건은 실행하지 않습니다. 만약 몇만 개의 조건이 있다면 엄청난 실행속도 차이가 있습니다.

❸ 우리 주변에 있는 자물쇠, 번호 열쇠에 많이 사용되는 예입니다. 암호를 입력받아 암호가 맞는지 틀리는지 확인하는 프로그램입니다. 흐름도를 그려보고 프로그램을 만들겠습니다.

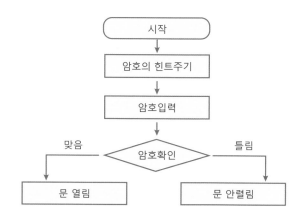

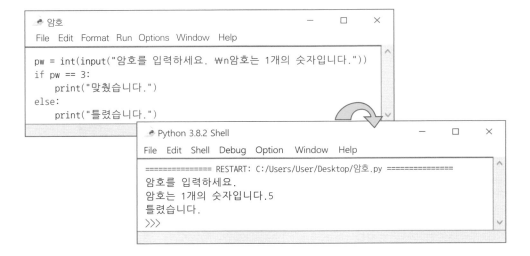

❸ 자격시험 점수와 소속을 입력받아 합격임을 확인하는 프로그램입니다. 여기서 중요한 "소속"과 "점수"입니다. 두 가 요소가 판별의 중요한 요소이기 때문에 조건문의 대상이 됩니다. 복잡한 영어문장을 나눠서 해석하듯 조건을 나눠서 생각하면 소속 입력을 통해 존재 여부를 판별합니다. 그리고 점수 입력을 통해 등급을 판별하고 합격과 불합격 여부를 판단합니다.

알고리즘을 간단하게 그려보고 프로그램을 만들겠습니다 .

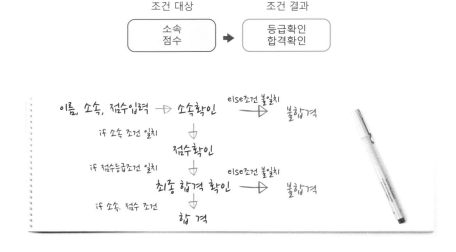

```
🔴 합격                                          —    □    ×
File  Edit  Format  Run  Options  Window   Help

name = input("이름을 입력하세요.")
classroom = int(input("반을 입력하세요(1~3):"))
score = int(input("점수를 입력하세요."))

if classroom > 0 and classroom < 3:
    if score >= 90:
        print("A 입니다.")
    elif score >= 80:
        print("B 입니다.")
    elif score >= 70:
        print("C 입니다.")
    elif score >= 60:
        print("D 입니다.")
    elif score >= 50:
        print("E 입니다."))
else:
    print("존재하지 않는 사람입니다.")

if classroom > 0 and classroom < 3 and score >= 70:
        print("합격입니다")
else:
    print("불합격입니다.")
```

```
🔴 Python 3.8.2 Shell                                —    □    ×
File  Edit  Shell  Debug  Option  Window   Help

=============== RESTART: C:/Users/User/Desktop/합격.py ===============
이름을 입력하세요.파이썬
반을 입력하세요(1~3):2
점수를 입력하세요.60
D 입니다.
불합격입니다.
>>>
```

PYTHON & DRONE

8. 반복문

반복문?

프로그램에서 한번 실행하는 때도 있지만 대다수 원하는 조건만큼 반복하는 경우가 많습니다.

```
while    /   break
for      /   continue
```

if 조건문은 한번 결과가 나오고 프로그램이 종료됩니다.

한 번의 결과를 보고 종료해야 하는 프로그램도 있지만, 프로그램을 종료하지 않고 계속 반복적으로 움직여야 하는 프로그램이 더 많을 것입니다. 반복문은 같은 코드를 반복해서 실행시킬 때 사용하고 반복문에 조건식이 참이면 반복하여 코드를 실행시키고, 거짓이면 반복을 중지합니다. 반복문에는 while문과 for문, 2가지가 있습니다.

공장에 있는 기계장치들은 문제가 없는 한 계속 움직여야 합니다. 그러다가 문제가 발생하거나 문제가 아니라도 멈춰야 하는 경우가 생깁니다. 이때 break와 continue를 사용하여 프로그램할 수 있습니다.

■ while문

조건이 참인 동안은 계속 실행코드가 반복되며 조건이 저짓이 되는 순간 종료됩니다.

조건이 참인동안
계속실행 → **while 조건 :**

Chapter 5 파이썬 시작하기

114

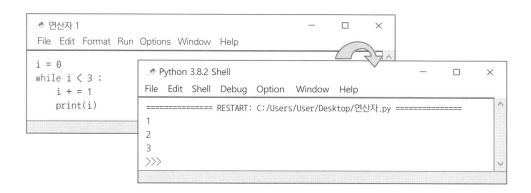

무한하게 반복하려면 어떻게 하면 될까요?

while True : 로 프로그래밍하면 while 조건문이 참이면 계속해서 무한 반복할 수 있습니다
실수든 혹은 고의로 무한루프가 실행 중이라면 Ctrl+c를 이용하여 멈출 수 있습니다.

■ for 문

for문은 원하는 횟수만큼 반복할 때 사용됩니다. 이때 변수는 실행코드와 무관하게 횟수만
카운트 되도록 동작합니다.

┌── 변수가 횟수가 될 때까지 실행   ┌── 실행 횟수

for 변수 in range(횟수) :

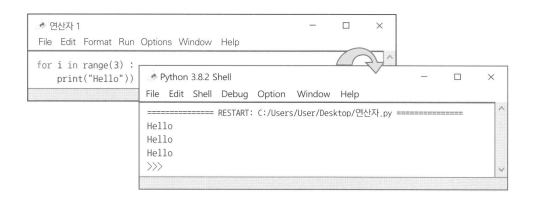

while문과 for문은 반복문에 사용됩니다. 어떤 차이가 있을까요? while은 조건을 달 수 있고, for는 횟수를 이용할 때 사용합니다.

■ break, continue

break 와 continue는 반복문 for나 while과 같이 써야 합니다. 프로그램이 계속 반복하다가 특정 조건에서 끝내거나 구간을 건너뛸 때 사용하는 것이 break 와 continue입니다. while-break / for-continue 조합으로 많이 활용되고 break 와 continue를 적절히 사용하면 반복문을 쉽게 제어할 수 있습니다.

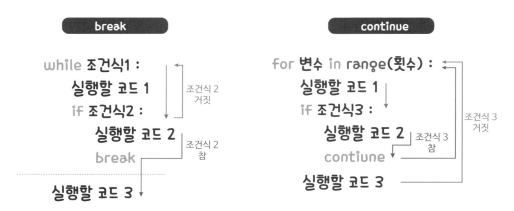

왼쪽 그림은 break에서 반복문을 빠져나와 코드 3을 실행시키고 오른쪽 그림은 조건 3이 참이면 코드 3을 실행 안 하고 처음부터 반복시킵니다.

■ 가위 바위 보 게임

조건문과 반복문을 사용하여 프로그램을 만들겠습니다.가위 바위 보 게임을 만들겠습니다. 조건의 대상으로 가위, 바이, 보 세가지가 있으며, 경기에 이긴다, 진다, 비긴다의 결과를 판별해야 합니다.

알고리즘을 그려보고 프로그램을 만들겠습니다

```
              1 : 가위      2 : 바위      3 : 보
                            ⇓
        질때     2 : 바위      3 : 보       1 : 가위

        이길때   3 : 보       1 : 가위      2 : 바위
```

```
가위바위보                                    —   □   ×
File  Edit  Format  Run  Options  Window  Help

import random
def condition(a, b) :
    if a == 1 and b == 2 :
        print("졌습니다.")
    elif a == 1 and b == 3 :
        print("이겼습니다.")
    elif a == 2 and b == 3 :
        print("졌습니다.")
    elif a == 2 and b == 1 :
        print("이겼습니다.")
    elif a == 3 and b == 1 :
        print("졌습니다.")
    elif a == 3 and b == 2 :
        print("이겼습니다.")
    else :
        print("비겼습니다.")

while True :                     ← while 조건이 참이면 계속 반복
    컴퓨터 = random.choice([1, 2, 3])
    print ("1-가위, 2-바위, 3-보 중 숫자로 입력하세요.")

    나 = int(input())
    if 나 == 1 :
        print("나 : 1-가위")
    elif 나 == 2 :
        print("나 : 2-바위")
    elif 나 == 3 :
        print("나 : 3-보")
```

```
    if 컴퓨터 == 1 :
        print("컴퓨터 : 1-가위")
    elif 컴퓨터 == 2 :
        print("컴퓨터 : 2-바위")
    elif 컴퓨터 == 3 :
        print("컴퓨터 : 3-보")

condition(나, 컴퓨터)
```

```
Python 3.8.2 Shell                                    —    □    ×
File  Edit  Shell  Debug  Option  Window  Help

========== RESTART: C:/Users/User/Desktop/가위바위보.py ==========

1-가위, 2-바위, 3-보 중 숫자로 입력하세요.
1
나 : 1-가위
컴퓨터 : 2-바위
졌습니다.
>>>
```

■ 암호 프로그램

if 조건문과 while-break 등을 이용해서 암호 프로그램을 만들어 보겠습니다. 실제 암호프로그램처럼 모드를 선택하고 선택된 모드에서 기능을 수행하는 프로그램입니다.

복잡한 프로그램을 작성할 때는 간략한 알고리즘 스케치를 통해 계획을 정리하고 프로그램하도록 해야 합니다.

조건문의 대상이 모드, 암호 2가지이므로 크게 2가지의 종류의 조건문이 나올 것이며, 암호를 입력하기 전에 모드설정이 먼저이기 때문에 첫 번째 조건은 모드를 선택하는 것이 될 것입니다. 그리고 각 모드내에서 암호에 대한 조건문을 넣어주는 구조가 될 것이라는 계획을 세우고 있어야 쉽게 프로그램할 수 있습니다.

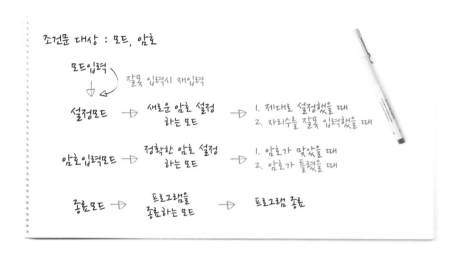

알고리즘에 대한 계획이 준비되었으면 이제 프로그램을 작성해봅니다. 프로그램을 정확히 작성 후 각각의 모드 및 경우의 수대로 입력을 해보면 결과가 나타납니다.

```
🐸 합격                                    —    □    ×
File  Edit  Format  Run  Options  Window  Help

new_pw = "1234"
while True :
    print("초기암호는 1234 입니다.")
    print("모드를 설정하세요. m-새로운 암호설정 s-암호입력 q-종료")

    mode = input()
    if mode == "m" :
        print("4자리 새로운 암호를 설정하세요.")
        new_pw = input("암호")
        a = len(new_pw)    ← new_pw의 자리수가 4자리인지 확인
        if a == 4 :
            print("새로운 암호가 설정되었습니다")
        else :
            print("4 자리가 아닙니다. 처음부터 다시 시작하세요.")

    elif mode == "s" :
        print("4자리 암호를 입력하세요.")
        pw = input("암호")
        if new_pw == pw :
            print("암호가 해제되었습니다.")
        else :
            print("암호가 틀렸습니다.")
```

```
elif mode == "q" :
    print("종료합니다.")
    break

else :
    print("잘못입력하였습니다.")
```

Python 3.8.2 Shell   —   □   ×

File   Edit   Shell   Debug   Option   Window   Help

```
=============== RESTART: C:/Users/User/Desktop/합격.py ===============
초기암호는 1234 입니다.
모드를 설정하세요. m-새로운 암호설정 s-암호입력 q-종료
m
4자리 새로운 암호를 설정하세요.
암호0000
새로운 암호가 설정되었습니다
초기암호는 1234 입니다.
모드를 설정하세요. m-새로운 암호설정 s-암호입력 q-종료
>>>
```

확인 학습

1. 나이가 18세 이상만 들어갈 수 있는 극장프로그램을 만들려고 합니다.
   나머지 부분을 완성해 보세요.
   height = int(input("나이를 입력하세요")

2. 다음의 숫자 업, 다운 게임 프로그램을 만들어 보세요.
   〈결과〉
   X는 1 이상 100 이하 중의 하나입니다.
   X의 숫자는? 40
   업
   X의 숫자는? 70
   다운
   X의 숫자는? 50
   업
   X의 숫자는? 60
   정답
   종료합니다.

3. 2~9단의 구구단이 모두 출력된 프로그램을 for문을 이용하여 프로그램 해
   보세요.

파이썬과
드론

파이썬 첫걸음을 드론과 함께

Chapter 6

Tkinter 와 Turtle

1. Tkinter를 이용한 계산기 만들기

Tkinter란?

TK(GUI 레이어) + Inter(interface) = Tkinter

Tk : 유닉스 계열의 컴퓨터에서 사용했던 플랫폼 gui 라이브러리

Inter : 버튼, 아이콘, 이미지 같은 사용자를 위한 interface

파이썬에서 버튼, 체크박스, 슬라이드등의 그래픽기능을 제공해주는 편리한 그래픽 유저
인터페이스(UserInterface)모듈입니다.

그동안 만들어 본 프로그램은 Text 기반의 단순한 프로그램이었습니다. 이제는 뭔가 돋보이고 그래픽으로 된 프로그램을 만들어 볼 것입니다.

우리는 그래픽 유저 인터페이스라는 용어를 사용하게 됩니다. 그래픽 유저 인터페이스는 GUI(Graphic User Interface)라고 표기하며 컴퓨터에서 사용하는 한글, 엑셀, 계산기 프로그램들에 모두 GUI가 활용 되고 있습니다.

계산기 프로그램과 같이 원하는 숫자와 기호들을 입력하면 원하는 결과를 아주 쉽게 매우 빨리 찾아주고 문서작성에 많이 쓰는 한글 프로그램, 발표할 때 자주 사용하는 파워포인트 프로그램 같은 경우도 다양한 기능이 담긴 버튼, 메뉴 등을 이용하여 원하는 발표 결과물을 만들어 줍니다.

■ Tkinter 기본사용법

Tkinter에서 앞글자 Tk는 GUI를 사용할 수 있는 레이어를 의미하고 뒷글자 inter는 interface의 약자입니다. 파이썬에서 GUI 에디터는 TKinter 이외에도 PyQt, PySide, Qt Designer 등이 있지만, 이 프로그램들은 별도로 파일을 설치하고 사용법이 조금 어려워서 자동으로 파

이썬 설치된 Tkinter을 바로 사용하면 기본적인 GUI 기능들을 제공하기 때문에 바로 활용할 수 있습니다.

파이썬 GUI 프로그램을 만들기 위해서는 다음 단계가 있습니다.

▶ tkinter 모듈을 임포트한다.

▶ 윈도우 창을 생성한다.

▶ 위젯을 윈도우에 부착한다.

▶ mainloop함수로 화면을 실행시킨다.

간단히 윈도우 프로그램을 한번 만들어 보겠습니다.

사용방법은 코드 상단에 tkinter를 import 합니다.이어서, 윈도우를 하나 만드는 코드는 아래와 같습니다. 첫 번째 tk.Tk( )는 윈도우를 생성해주는 함수이고, 두 번째 mainloop( )은 정의된 윈도우를 실행하는 코드입니다.

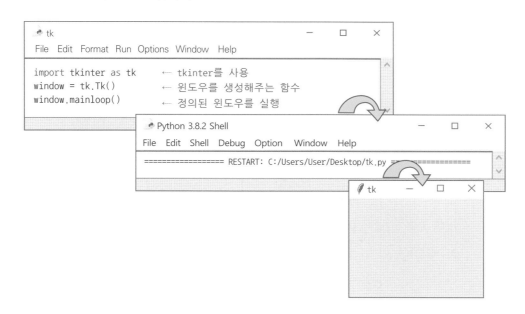

■ Tkinter 화면 UI

Tkinter를 사용하여 윈도우에 그래픽을 추가해서 화면에 원하는 텍스트를 입력하고, 출력하고 원하는 버튼도 만들 수 있습니다.

1) 기본 윈도우 설정 (타이틀 변경, 윈도우 사이즈 조절)

윈도우 상단의 'tk'라고 표시된 이름을 '파이썬'으로 변경하고 윈도우의 화면 크기를 키워 보겠습니다.

2) 버튼, 라벨, 입력창 추가

글자를 보여주거나 버튼, 입력창을 추가하려면 라벨(Label), 버튼(Button), 입력(Entry) 위젯을 사용하면 됩니다.

a = tk.Label(window, text="안녕하세요")만 추가하면 글자가 나타나지 않습니다. 생성된 위젯을 윈도우에 연결하고 나서 pack( )이나 grid( ) 함수를 사용해서 geometry manager에 등록을 해줘야 하는데 이게 바로 pack( ) 함수를 사용하는 것입니다.

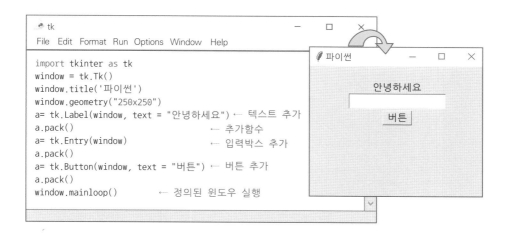

```
import tkinter as tk
window = tk.Tk()
window.title('파이썬')
window.geometry("250x250")
a= tk.Label(window, text = "안녕하세요")  ← 텍스트 추가
a.pack()                                ← 추가함수
a= tk.Entry(window)                     ← 입력박스 추가
a.pack()
a= tk.Button(window, text = "버튼")      ← 버튼 추가
a.pack()
window.mainloop()          ← 정의된 윈도우 실행
```

3) grid를 이용한 GUI 배치

원하는 위치에 버튼, 라벨, 입력창 등 GUI의 배치는 grid( )함수를 사용하면 좀 더 쉽게 할 수 있습니다. grid( ) 함수의 기본 사용법은 행과 열의 숫자를 지정해서 위치를 정하는 방식입니다.

row (행위치)   column (열위치)   val이후부터 속성 추가

위젯.grid(var 1, val2, val3...)

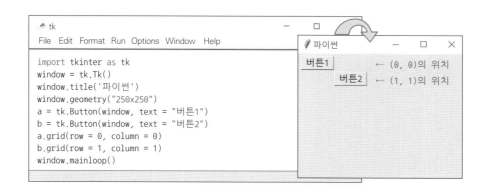

```
import tkinter as tk
window = tk.Tk()
window.title('파이썬')
window.geometry("250x250")
a = tk.Button(window, text = "버튼1")
b = tk.Button(window, text = "버튼2")
a.grid(row = 0, column = 0)
b.grid(row = 1, column = 1)
window.mainloop()
```

버튼1 ← (0, 0)의 위치
버튼2 ← (1, 1)의 위치

2개 이상의 격자에 걸쳐지는 위젯들은 columnspan과 rowspan을 사용합니다. columnspan ＝2 행 방향, rowspan＝2 열 방향으로 2개의 열에 걸쳐서 위젯이 위치하게 됩니다.

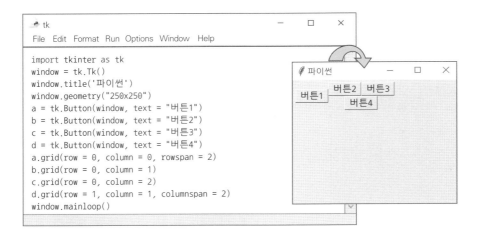

4) 계산기 만들기

Tkinter의 기능을 통해 계산기 GUI를 만들어 보겠습니다.

조건문에서는 알고리즘을 먼저 생각했었습니다. 그런데 GUI 프로그램에서는 알고리즘뿐 아니라 GUI도 설계를 잘해야 합니다. 아래 그림과 같이 계산기의 GUI 설계를 위한 grid를 만들었습니다. 행(row)이 5행으로 구성되어있고, 열(column)이 5열로 되어있습니다. 첫 번째 행은 결과가 나타나는 디스플레이 부분이고, 나머지는 버튼으로 되어있습니다.

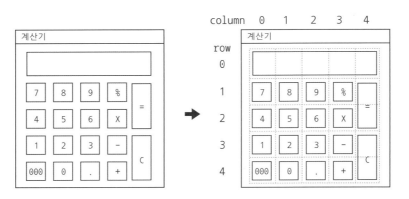

아래와 같이 프로그램을 코딩하면 계산기의 일차적인 GUI 프로그램이 만들어집니다.

```
tk                                                    —   □   ×
File  Edit  Format  Run  Options  Window  Help

import tkinter as tk
window = tk.Tk()
window.title('계산기')
window.geometry("250x250")
valu = tk.Entry(window, width = 30).grid(row = 0, columnspan = 5 )
b0 = tk.Button(window, text = "0").grid(row = 4, column = 1 )
b1 = tk.Button(window, text = "1").grid(row = 3, column  = 0 )
b2 = tk.Button(window, text = "2").grid(row = 3, column  = 1 )
b3 = tk.Button(window, text = "3").grid(row = 3, column  = 2 )

b4 = tk.Button(window, text = "4").grid(row = 2, column  = 0 )
b5 = tk.Button(window, text = "5").grid(row = 2, column  = 1 )
b6 = tk.Button(window, text = "6").grid(row = 2, column  = 2 )
b7 = tk.Button(window, text = "7").grid(row = 1, column  = 0 )
b8 = tk.Button(window, text = "8").grid(row = 1, column  = 1 )
b9 = tk.Button(window, text = "9").grid(row = 1, column  = 2 )
b000 = tk.Button(window, text = "000").grid(row = 4, column  = 0 )
b_dot = tk.Button(window, text = " ").grid(row = 4, column  = 2 )
b_plus = tk.Button(window, text = "+").grid(row = 4, column  = 3 )
b_min = tk.Button(window, text = "-").grid(row = 3, column  = 3 )
b_mul = tk.Button(window, text = "X").grid(row = 2, column  = 3 )
b_div = tk.Button(window, text = "%").grid(row = 1, column  = 3 )
b_enter = tk.Button(window, text = "=").grid(row = 1, column  = 4, rowspan = 2 )
b_clear = tk.Button(window, text = "C").grid(row = 3, column  = 4, rowspan = 4 )
window.mainloop()
```

더 정교하게 계산기의 모습을 표현해보겠습니다. Entry, Button 위젯의 크기를 다음과 같이
추가할 수 있습니다.

```
import tkinter as tk
window = tk.Tk()
window.title('계산기')
window.geometry("250x250")
valu = tk.Entry(window, width = 30).grid(row = 0, columnspan = 5 )
b0 = tk.Button(window, text = "0", width = 5, height = 3).grid(row = 4, column = 1 )
b1 = tk.Button(window, text = "1", width = 5, height = 3).grid(row = 3, column  = 0 )
b2 = tk.Button(window, text = "2", width = 5, height = 3).grid(row = 3, column  = 1 )
b3 = tk.Button(window, text = "3", width = 5, height = 3).grid(row = 3, column  = 2 )
b4 = tk.Button(window, text = "4", width = 5, height = 3).grid(row = 2, column  = 0 )
b5 = tk.Button(window, text = "5", width = 5, height = 3).grid(row = 2, column  = 1 )
b6 = tk.Button(window, text = "6", width = 5, height = 3).grid(row = 2, column  = 2 )
b7 = tk.Button(window, text = "7", width = 5, height = 3).grid(row = 1, column  = 0 )
b8 = tk.Button(window, text = "8", width = 5, height = 3).grid(row = 1, column  = 1 )
b9 = tk.Button(window, text = "9", width = 5, height = 3).grid(row = 1, column  = 2 )
b000 = tk.Button(window, text = "000", width = 5, height = 3).grid(row = 4, column  = 0 )
b_dot = tk.Button(window, text = " ", width = 5, height = 3).grid(row = 4, column  = 2 )
b_plus = tk.Button(window, text = "+", width = 5, height = 3).grid(row = 4, column  = 3 )
b_min = tk.Button(window, text = "-", width = 5, height = 3).grid(row = 3, column  = 3 )
b_mul = tk.Button(window, text = "X", width = 5, height = 3).grid(row = 2, column  = 3 )
b_div = tk.Button(window, text = "%", width = 5, height = 3).grid(row = 1, column  = 3 )
b_enter = tk.Button(window, text = "=", width = 5, height = 7).grid(row = 1, column  = 4, rowspan = 2 )
b_clear = tk.Button(window, text = "C", width = 5, height = 7).grid(row = 3, column  = 4, rowspan = 4 )
window.mainloop()
```

계산기 GUI 부분이 만들어졌습니다. 알고리즘이 필요한 부분을 만들어 계산기를 완성하겠습니다.

```
tk                                                    —  □  ×
File  Edit  Format  Run  Options  Window  Help

import tkinter as tk                          ← 모듈을 tk라는 이름으로 사용
window = tk.Tk()                              ← Tk()함수를 사용해서 계산기 전체의 윈도우창 하나를 생성
window.title('계산기')                         ← 창의 제목은 '계산기'
window.geometry("250x250")                    ← 창의 너비와 높이를 각각 250

first, second = 0, 0                          ← fisrt와 second 변수에 각각 0을 할당

str_value = tk.StringVar()                    ← StringVar 타입의 변수 생성
str_value.set(str(first))                     ← set메소드를 사용해서 str_value 값을 정함
value = tk.Entry(window, textvariable=str_value, ← 입력창 생성
            justify= 'right',width = 30).grid(columnspan = 5, row=0)
            └ 화면창(문자:우측정렬 창너비: 30)
operator=0

def number_click(number=0):                   ← 함수생성
    global first, second                      ← 전역변수 first, second를 사용
    if operator == 0:                         ← operator가 0이라면
        if str_value.get() == '0': ← get()메소드를 사용해서 str_value값을 가져왔는데 이 값이 0과 같다면
            str_value.set(str(number))             ← str_value값을 number로 정함
            first = number                         ← first값을 number로 정함
        else:
            if number == 1000:                     ← number가 1000이라면
                first *= 1000                      ← first에 1000을 곱합니다.
            else:
                first *= 10                        ← first에 10을 곱합니다.
                first += number                    ← first에 number을 더합니다.
                str_value.set(str(first))          ← str_value값을 first로 정합니다.
    else:
        if str_value.get() == '0' or second == 0:  ← 값이 0과 같거나 second 값이 0이라면
            str_value.set(str(number))
            second = number
        else:
            if number == 1000:
                second *= 1000
            else:
                second *= 10
                second += number
                str_value.set(str(second))
```

프로그래밍에서는 '이름공간(namespace)'이라는 개념을 사용해서 변수의 이름을 정의합니다.

전역 이름공간에 정의되어 함수를 포함하여 모듈 전체에서 접근할 수 있는 변수를 전역변수 (global variable)라고 합니다. 함수 밖에서 변수를 정의하면 전역변수가 됩니다.

```
Python 3.8.2 Shell                                    —    □    ×
File  Edit  Shell  Debug  Option  Window  Help
Python 3.8.2 (tags/v3.8.2:7b3ab59, Feb 25 2020, 22:45:29) [MSC v.1916 32 bit (Intel)]
on win32
Type "help", "copyright", "credits" or "license()" for more information.
>>> a = 5          ← a에 5할당, 전역변수
>>> def var() :
        a = 10     ← a에 5할당, 지역변수
        print(a)

>>> var()          ← 지역변수 출력
10
>>> print(a)       ← 전역변수 출력
5
>>>
```

지역변수(local variable)는 지역 이름공간에 정의된 변수를 말합니다. 모든 함수는 자신만의 지역 이름공간을 가지며, 함수 속에서 정의한 변수는 그 함수의 지역변수가 됩니다. 지역변수는 지역변수를 정의한 함수 안에서만 사용할 수 있고, 함수 호출이 끝나면 모두 지워집니다. 함수 안에서 전역변수를 사용하려면 변수 이름 앞에 global을 붙이면 됩니다. global은 모든 범위에서 사용할 수 있는 전역변수라는 뜻입니다.

```
Python 3.8.2 Shell                                    —    □    ×
File  Edit  Shell  Debug  Option  Window  Help
Python 3.8.2 (tags/v3.8.2:7b3ab59, Feb 25 2020, 22:45:29) [MSC v.1916 32 bit (Intel)]
on win32
Type "help", "copyright", "credits" or "license()" for more information.
>>> a = 5                  ← a에 5할당, 전역변수
>>> def var() :
        global a           ← 전역변수 a를 지역변수 안에서 사용
        a = 10
        print(a)

>>> var()                  ← 지역변수 출력
10
>>> print(a)               ← 전역변수 출력
10
>>>
```

```
def operator_click(op) :
    global operator                              ← 전역변수인 operator를 사용
    if op == '+':                                ← op가 +라면 operator를 1로 정함
        operator = 1
    elif op == '-':                              ← op가 +라면 operator를 2로 정함
        operator = 2
    elif op == 'x':                              ← op가 +라면 operator를 3으로 정함
        operator = 3
    elif op == '/':                              ← op가 +라면 operator를 4로 정함
        operator = 4
def clear():
    global first                                 ← 전역변수인 first를 사용
    first = 0                                    ← first 를 0으로 초기화
    str_value.set('0'                            ← str_value값을 0으로 정함
def check_length(var):
    str_var = str(var)                           ← 길이를 확인하는 함수
    if len(str_var) > 9:                         ← str_var값을 var로 정함
        return 'Error: Length Limits'
    else:
        return var
def calc_add(var1, var2):                        ← 덧셈 함수
    res = var1 + var2
    return check_length(res)
def calc_subtract(var1, var2):                   ← 뺄셈 함수
    res = var1 - var2
    return check_length(res)
def calc_multiply(var1, var2):                   ← 곱셈 함수
    res = var1 * var2
    return check_length(res)
def calc_divide(var1, var2):                     ← 나눗셈 함수
    if var2 == 0:
        return 'Error: Divide by Zero'
    else:
        res = var1 / var2
        return check_length(res)
    def calculate():
        global first, second, operator
        if operator == 1:
            first = calc_add(first, second)
        elif operator == 2:
            first = first - second
        elif operator == 3:
            first = first * second
        elif operator == 4:
            first = first / second

        str_value.set(str(first))
        second = 0                               ← 0으로 초기화
        operator = 0                             ← 0으로 초기화
```

Chapter 6

람다(lambda)함수는 이름이 없는 익명 함수를 말합니다. 함수를 만들 때 이름을 정해야 하지만 람다함수를 사용하면 함수 이름을 정하지 않아도 됩니다.

두 값을 더하는, add라는 함수를 만들어 보겠습니다. 함수를 만들 때 def라는 키워드를 쓰고 함수 이름을 정해야 했습니다.

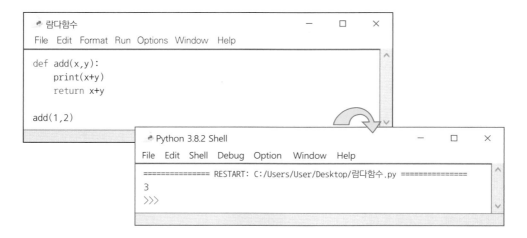

람다함수를 사용하면 함수 이름 없이 함수를 만들어서 사용할 수 있습니다. 람다함수는 함수를 한 줄로 간결하게 만들 때 사용합니다.

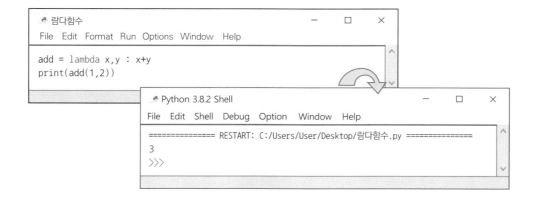

```
b0 = tk.Button(window, text="0",command=lambda:                    ← 버튼을 클릭했을 때 람다함수를 사용해서
                number_click(0),width=5,height=3).grid(row=4, column=1)    number_click함수를 호출
b1 = tk.Button(window, text="1",command=lambda:
                number_click(1),width=5,height=3).grid(row=3, column=0)
b2 = tk.Button(window, text="2",command=lambda:
                number_click(2),width=5,height=3).grid(row=3, column=1)
b3 = tk.Button(window, text="3",command=lambda:
                number_click(3),width=5,height=3).grid(row=3, column=2)
b4 = tk.Button(window, text="4",command=lambda:
                number_click(4),width=5,height=3).grid(row=2, column=0)
b5 = tk.Button(window, text="5",command=lambda:
                number_click(5),width=5,height=3).grid(row=2, column=1)
b6 = tk.Button(window, text="6",command=lambda:
                number_click(6),width=5,height=3).grid(row=2, column=2)
b7 = tk.Button(window, text="7",command=lambda:
                number_click(7),width=5,height=3).grid(row=1, column=0)
b8 = tk.Button(window, text="8",command=lambda:
                number_click(8),width=5,height=3).grid(row=1, column=1)
b9 = tk.Button(window, text="9",command=lambda:
                number_click(9),width=5,height=3).grid(row=1, column=2)
b000 = tk.Button(window, text="000",command=lambda:
                number_click(1000),width=5,height=3).grid(row=4, column=0)
b_dot = tk.Button(window, text=".",width=5,height=3).grid(row=4, column=2)
b_plus = tk.Button(window, text="+",command=lambda:
                    operator_click('+'),width=5,height=3).grid(row=4, column=3)
b_min = tk.Button(window, text="-",command=lambda:
                    operator_click('-'),width=5,height=3).grid(row=3, column=3)
b_mul = tk.Button(window, text="X",command=lambda:
                    operator_click('x'),width=5,height=3).grid(row=2, column=3)
b_div = tk.Button(window, text="%",command=lambda:
                    operator_click('/'),width=5,height=3).grid(row=1, column=3)
b_enter = tk.Button(window, text="=",width=5,height=7,command=calculate).grid(row=1,column=4,rowspan=2)
b_clear = tk.Button(window, text="C",width=5,height=7,command=clear).grid(row=3,column=4,rowspan=4)

window.mainloop()    ← 윈도우 창을 윈도우가 종료될 때까지 실행
```

2. 터틀을 이용한 그림 그리기

turtle이란?

도화지에 펜으로 그림을 그리듯이 특정 그래픽윈도우에서 원하는대로 그림을 그릴수 있는 그래픽 모듈입니다.
포인터가 거북이처럼 생겨서 turtle이란 이름이 붙었습니다.

파이썬에서는 그래픽 모듈인 turtle을 지원합니다. turtle은 그림을 그릴수 있는 편리한 기능이 있습니다. 파이썬에서 텍스트 위주의 프로그램을 실행할 때는 실행 윈도우와 에디팅 윈도우 2개의 윈도우가 생성되고 터틀을 구동하면 그래픽 윈도우가 하나 더 생겨 총 3개의 윈도우가 생성됩니다.

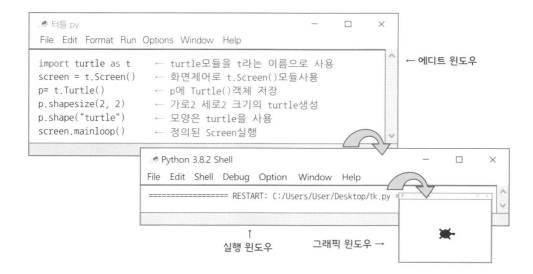

Chapter 6 Tkinter와 Turtle

136

■ 코드 설명

import turtle as t

turtle 모듈을 t이라는 이름으로 import 합니다.

screen = t.Screen( )

t 모듈의 Screen( ) 객체를 통해 화면을 제어하는 객체를 생성하고 Screen( ) 객체는 화면의 크기, 배경색, 키보드 입출력 이벤트 등을 관리합니다.

p = t.Turtle( )

t 모듈의 Turtle( ) 객체를 이용하여 turtle을 생성합니다.

p.shape("turtle")

객체의 모양, 모션, 펜, 상태 등을 관리합니다 모양(shape)은 다음 7개("arrow", "blank", "circle", "classic", "square", "triangle", "turtle")를 설정해 줄 수 있습니다. Turtle( ) 객체를 통해 생성된 객체를 p에 저장하고, p의 모양(shape)을 "turtle"로 설정해줍니다.

arrow	blank	circle	classic	square	triangle	turtle
▶		●	➤	■	▶	🐢

p.shapesize(2, 2)

가로가 2, 세로가 2 크기의 거북이 모양의 객체가 생성되고 위치는 윈도우의 중심점 좌표인 (0, 0)이 됩니다. 초기 상태는 x축의 + 방향을 가리키고 있습니다. 이 방향은 터틀의 머리가 향하는 진행방향으로 헤딩heading이라고하며 터틀은 forward( ) 메소드를 만나면 머리가 향하는 방향으로 진행합니다.

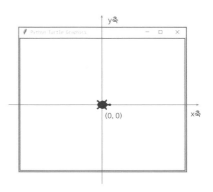

screen.mainloop( )

메인 화면을 유지해주는 역할을 하며 파이썬의 **command prompt**는 실행이 모두 되고 나면 기본적으로 화면이 꺼지기 때문에 메인 화면을 반복적으로 실행시켜 화면이 꺼지지 않게 합니다.

PYTHON & DRONE

■ Turtle 이동하기

Turtle을 이동하는 방법을 알아보겠습니다. Turtle의 이동 명령어는 크게 4가지가 있습니다.

▶ forward(거리) : 지정된 거리만큼 앞으로 갑니다. fd( )로 줄여도 됩니다.

▶ backward(거리) : 지정된 거리만큼 뒤로 갑니다. bk( )로 줄여도 됩니다.

▶ right(각도) : 지정된 거리만큼 우측으로 방향을 바꿉니다. rt( )로 줄여도 됩니다.

▶ left(각도) : 지정된 거리만큼 좌측으로 방향을 바꿉니다. lt( )로 줄여도 됩니다.

import turtle as t 대신에 from turtle import *를 사용하면 p = t.Turtle( ), p.shape("turtle") 하지 않고 shape("turtle") 바로 원하는 turtle함수를 바로 사용할 수 있습니다.

1 앞으로 이동

2 뒤로 이동

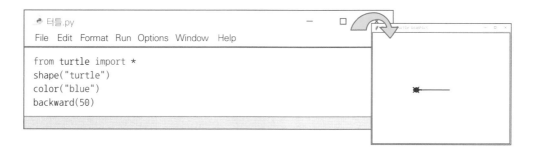

3 원 그리기

4 삼각형 그리기

5 사각형 그리기

2. 터틀을 이용한 그림 그리기

6 원 5개 그리기

for문과 range를 사용하여 원을 5번 그립니다.

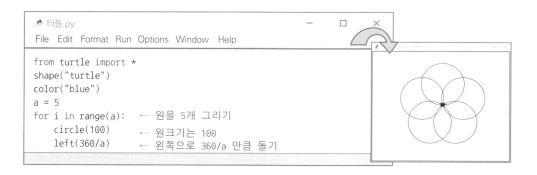

forward, backward, right, left 이동함수만으로도 다양한 그림을 그릴 수 있지만 좀 더 유용한 명령어들이 많이 있습니다.

goto(x좌표, y좌표)

의미 그대로 현재 거북이의 위치에서 지정된 절대 좌표로 한 번에 이동하게 됩니다. goto( ) 대신 setpos( )이나 setposition( )를 사용해도 같습니다.

"Python Turtle Graphics" 그래픽 창의 정중앙이 (0, 0)입니다. (0, 0)을 기준으로 x 좌푯값이 양수이면 우측으로, 음수이면 좌측으로 이동합니다.그리고 (0, 0)을 기준으로 y 좌푯값이 양수이면 위로, 음수이면 아래로 이동합니다.

그동안은 방향을 틀어서 전진하거나 이동하여 거북이의 이동 동선으로 그림을 그렸지만, goto( )함수를 이용하면 원하는 좌표로 이동할 수 있습니다. 현재 거북이의 위치(x, y)를 반환하는 pos( )라는 함수가 있으며 write( ) 함수를 사용하여 화면에 좌표를 출력할 수 있습니다.

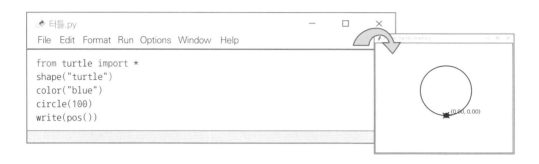

원점 (0, 0)으로 거북이를 돌려놓는 일이 필요한데 이때는 home( )함수를 사용하면 됩니다.

7 별 그리기

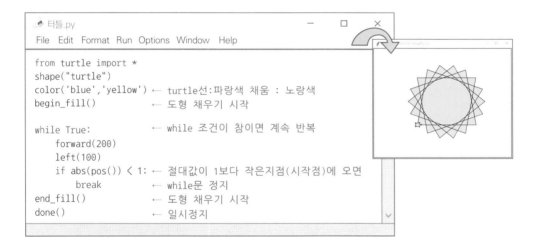

■ 키보드 입력

키보드를 입력받아서 거북이로 그림을 그리거나 활용하는 방법을 알아보겠습니다. Turtle 모듈의 Screen( ) 객체는 화면 안에서 일어나는 모든 이벤트를 관리하는 기능을 합니다. 그 래서 키보드의 입력을 기다리기 위해서 listen( )함수를 이용하여 키보드의 입력 이벤트를 기 다리는 코드를 추가해야 합니다. 키보드의 입력 이벤트는 Screen( ) 객체의 onkey( ) 메서드 로 체크할 수 있습니다.

▶ onkey( ) – 키보드의 키를 눌렀을 때 발생하는 이벤트

▶ onkeyrelease( ) – 키보드의 키를 눌렀다 뗐을 때 발생하는 이벤트

▶ onkeypress( ) – 키보드의 키를 누르고 있을 때 발생하는 이벤트

위(↑), 아래 방향키(↓), 왼쪽 방향키(←), 오른쪽 방향키(→)를 누르면 터틀이 앞, 뒤, 좌, 우로 움직이도록 함수를 만들어 보겠습니다.

명령어는 screen.onkey(함수, "Left")와 같이 함수호출방식을 사용합니다.

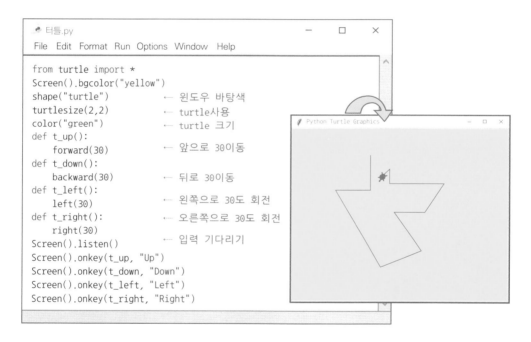

터틀을 좀 더 생동감 있게 움직여보겠습니다.

처음부터 거북이가 앞으로 움직이도록 speed를 1로 하고 speed라는 변수를 만들어 while문에서 forward(speed)를 반복하면 위 방향키(↑)를 누를때 마다 스피드가 1씩증가, 아래 방향키(↓),누를때 마다 스피드가 1씩 감소 하도록 합니다.

주의할 것은 함수 밖에서 선언된 변수를 모든 곳에서 사용하려면 전역 변수(global)로 선언하

여 사용해야 합니다.

거북이가 계속 이동하면 윈도우 밖의 영역으로 나가버려 어디 있는지 알 수가 없을 때가 있습니다. Turtle 객체의 좌표는 xcor( ), ycor( )함수를 통해 얻을 수 있고 이 좌표를 설정해주면 특정 영역 밖으로 나가지 않게 할 수 있습니다.

화면의 크기를 정하는 함수 setup(가로, 세로)을 이용하여 화면 크기를 정해주고 xcor( ), ycor( )함수로 거북이가 화면을 넘어가면 반대로 튕겨 나오도록 하면 됩니다.

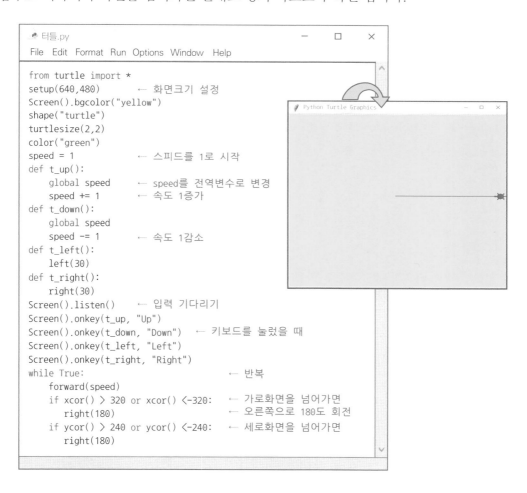

```
터틀.py                                         —   □   ×
File  Edit  Format  Run  Options  Window  Help

from turtle import *
setup(640,480)          ← 화면크기 설정
Screen().bgcolor("yellow")
shape("turtle")
turtlesize(2,2)
color("green")
speed = 1               ← 스피드를 1로 시작
def t_up():
    global speed        ← speed를 전역변수로 변경
    speed += 1          ← 속도 1증가
def t_down():
    global speed
    speed -= 1          ← 속도 1감소
def t_left():
    left(30)
def t_right():
    right(30)
Screen().listen()       ← 입력 기다리기
Screen().onkey(t_up, "Up")
Screen().onkey(t_down, "Down")   ← 키보드를 눌렀을 때
Screen().onkey(t_left, "Left")
Screen().onkey(t_right, "Right")
while True:                           ← 반복
    forward(speed)
    if xcor() > 320 or xcor() <-320:  ← 가로화면을 넘어가면
        right(180)                    ← 오른쪽으로 180도 회전
    if ycor() > 240 or ycor() <-240:  ← 세로화면을 넘어가면
        right(180)
```

변수를 만들고 Turtle()함수를 지정해주면 turtle을 여러 개를 만들어 활용할 수 있습니다.

a = Turtle( )

b = Turtle( )

이렇게 해서 적이나 장애물을 만들어 피해갈 수 있는 게임 등을 만들 수 있고 다양한 응용이
가능합니다.

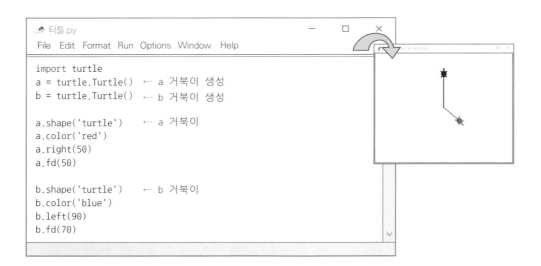

확인 학습

1. Tkinter를 사용하여 두 개의 합을 출력하는 프로그램을 만들어 보세요.

2. Tkinter를 사용하여 이미지 파일을 띄우는 프로그램을 만들어 보세요.

3. Turtle 모듈을 활용하여 다음 도형을 그려보세요.
   원, 사각형, 오각형, 별, 하트

4. Turtle 모듈을 활용하여 입력된 수만큼 원을 그리는 프로그램을 만들어 보세요.

5. Turtle모듈을 활용한 프로그램으로 다음과 같은 드론모양을 그려보세요.

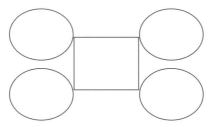

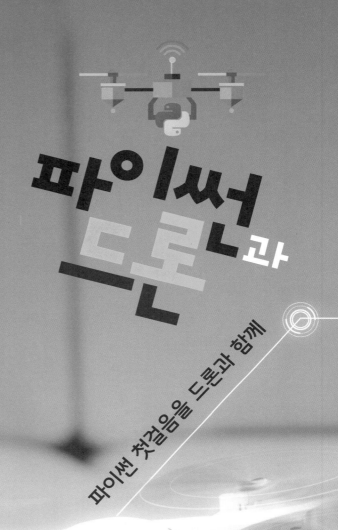

파이썬 첫걸음을 드론과 함께

파이썬과
드론

Chapter **7**

파이썬과 드론의 만남

DRONE

PYTHON & DRONE

1. 패키지 설치

PIP, 패키지가 뭐죠?

PIP (Pip Installs Pakares) 는 설치 패키지 매니저로 온라인에 접속해 있다면 필요로 하는 다양한 SW, 라이브러리 등을 쉽게 설치 및 업데이트 할 수 있습니다.

패키지는 모듈을 위해 필요한 모든 것을 포함하고 모듈은 프로젝트에 포함되기 위한 파이썬 모드의 라이브러리들입니다.

우리가 알고 있는 대다수 프로그램은 키보드, 마우스 등으로 제어되는 모니터에서 구동되는 SW나 결과물 등이 전부일 것입니다. 그러나 점점 기기가 발달하면서 PC를 통해 일반 가전 기기뿐만 아니라 학생들도 학교에서 코딩으로 로봇, 드론, IOT을 제어하는 프로그램들이 많이 생기기 시작했습니다. 우리는 이 책에서 드론을 이용한 다양한 프로그램을 배울 텐데, 그 이전에 드론뿐만 아니라 다양한 제어가 가능한 조종기를 이용해서 파이썬으로 제어하도록 하겠습니다.

하드웨어를 제어하려면 하드웨어를 지원하는 모듈이나 패키지 등이 포함된 것을 PC에 업로 드 해야 합니다. 파이썬은 온라인상태에서 이런 모듈이나 패키지를 쉽게 내려받을 수 있습니다. 그렇게 파이썬 패키지를 위한 패키지 매니저를 PIP라고 합니다.

■ install e_drone

드론 조종기를 사용하기 위해서는 관련된 사용함수를 설치해야 합니다. 윈도우키+R 를 눌러 실행창이 나오면 cmd명령(명령 프롬 프트)을 입력합니다

pip 버전이 이전 버전이어서 안되는 경우가 있습니다. Python -m pip install —upgrade pip 입력하면 pip가 업그레이드됩니다.

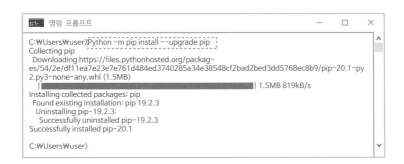

드론 조종기를 컴퓨터와 연결하기 위해서는 드라이버가 필요합니다. pip install e_drone 입력하여 라이브러리를 설치합니다. 라이브러리가 설치되어있는 경우에는 현재 설치된 버전 정보가 출력됩니다

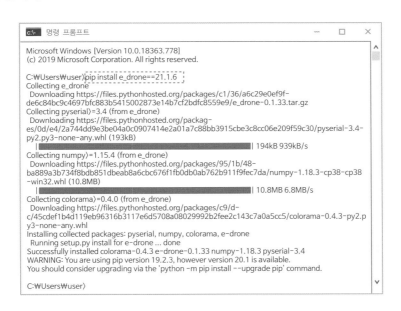

라이브러리를 최신 버전으로 유지해 주어야 가장 최신 만들어진 함수까지 모두 사용할 수 있습니다. pip install — upgrade e_drone 입력하여 업그레이드합니다.

블록코딩때와 같은 방법으로 파이썬으로 드론을 움직이려면 조종기와 조종기 USB 드라이버가 필요합니다.

'드라이버(Driver)'란 '컴퓨터와 연결된 특정 장치와 통신하여 이를 제어하는 역할을 하는 프로그램'을 말합니다. 보통 '장치 드라이버'라고 하는데 '장치(Device)'란 컴퓨터에 연결된 주변기기들을 의미하며 이런 각각의 하드웨어 장치를 제어하는 기능을 가진 프로그램이 바로 드라이버입니다. 마우스처럼 컴퓨터에 연결하면 자동으로 설치되는 드라이버도 있지만, 사용자가 직접 설치해야 하는 드라이버도 있습니다.

컴퓨터 운영체제가 Windows 10인 경우 컨트롤러와 컴퓨터를 USB로 연결하면 자동으로 컨트롤러 USB 드라이버가 자동 설치됩니다. 하지만 Windows 7과 Windows 8에서는 드라이버를 수동으로 설치해야 합니다. 로보링크 '교육 · 기술지원 웹사이트'(www.robolinksw.com)로 가서 USB Helper Download를 클릭하여 다운로드 합니다. 압축 파일을 풀고, 드라이버 설치 프로그램을 실행합니다.

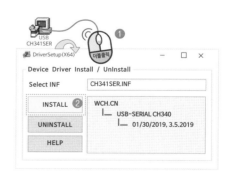

〈장치 관리자〉에서 컨트롤러가 잘 연결되었는지 포트는 몇번인지 확인할 수 있습니다. 그림과 같이 '장치 관리자'를 검색하면 〈장치 관리자〉 창이 나옵니다.

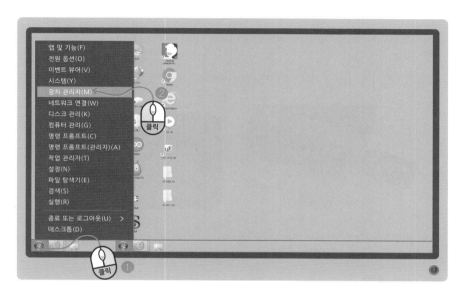

다른 방법으로 〈내 PC〉에서 〈속성〉을 선택하고 〈장차 관리자〉 클릭해도 됩니다.

〈장치 관리자〉 창에서 포트를 선택합니다. 연결이 잘 되었다면 그림과 같은 포트가 보입니다. COM 뒤에 오는 숫자는 컴퓨터마다 다를 수 있습니다

Windows 7이나 Windows 8도 마찬가지입니다. 장치 이름이 'STMicroelectronics virtual COMport'로 표시될 수도 있습니다.

2. 버튼 정보 입력받기

파이썬으로 드론의 센서값을 읽거나 조종하기 위해 드론 컨트롤러(조종기)를 PC와 연결합니다. 조종기에는 전원 버튼을 제외하고 8개의 버튼과 2개의 조이스틱으로 구성되어있습니다

■ 입력 버튼 화면 출력

tkinter나 turtle 모듈을 사용한 것처럼 우리가 설치했던 e_drone 라이브러리를 사용하여 조종기의 버튼을 입력정보를 읽어오는 프로그램을 만들어 보겠습니다. 그리고 시간을 측정할 수 있는 sleep 모듈도 사용해 보겠습니다.

조종기는 내부에서 계속해서 버튼의 입력상태를 체크하는 기능이 있습니다. 일정한 주기로 계속해서 반복되는 것을 프로그램에서 타이머라고 부릅니다.

조종기연관해서 Button ,Joystick의 아이템있음

setEventHandler(DataType.Button, eventButton)

주기적으로 반복되는 이벤트 타이머 함수 등록

eventButton이라는 버튼 상태 체크 함수로 만들어 drone.setEventHandler(DataType.Button, eventButton) 와 같은 이벤트를 통해 버튼의 입력을 알 수 있습니다. 그리고 조종기의 버튼값은 2진수로 들어옵니다.

1 = 0000000001, 2 = 0000000010, 4 = 0000000100, 8 = 0000001000

16 = 0000000001, 32 = 0000000010, 128 = 0000000100, 256 = 0000001000

따라서 2진수나 10진수, 16진수 등 원하는 변환을 이용하면 됩니다. 우리는 10진수 값으로 받을 것이다.

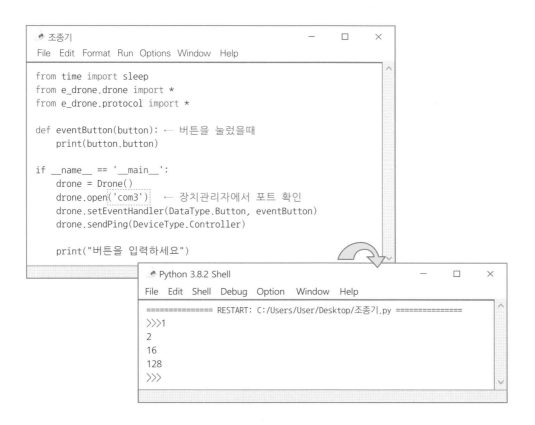

■ 아날로그 조이스틱값 정보 입력받기

아날로그 조이스틱값을 입력받고 그 값을 화면에 출력하는 프로그램을 만들어 보겠습니다. 버튼 입력 프로그램과 마찬가지로 조종기는 내부에서 계속해서 조이스틱의 입력상태를 점검하는 기능이 있습니다. 따라서 eventJoystick이라는 버튼 상태 체크 함수로 만들어 drone.setEventHandler(DataType.Joystick, eventJoystick)와 같은 이벤트를 통해 조이스틱의 입력을 알 수 있습니다.

조이스틱은 왼쪽의 스틱의 x, y 값, 오른쪽 스틱의 x, y 값, 총 4개의 아날로그 값을 출력합니다.

입력 버튼값 화면 출력하기와 마찬가지로 조이스틱의 실시간 값들을 확인할 수 있는데, 조이스틱의 현재 상태를 무한으로 계속해서 출력하기 때문에 10초 카운트를 추가하여 10초 후에 자동으로 조종기의 통신이 닫히도록 만들 수 있습니다.

```
조종기                                          —  □  ×
File  Edit  Format  Run  Options  Window  Help

from time import sleep
from e_drone.drone import *
from e_drone.protocol import *
def eventJoystick(joystick):
    print(joystick.left.x, joystick.left.y,joystick.right.x,
joystick.right.y)
if __name__ == '__main__':
    drone = Drone()
    drone.open('com3')  ← 장치관리자에서 포트 확인
    drone.setEventHandler(DataType.Joystick, eventJoystick)
    drone.sendPing(DeviceType.Controller)
        for i in range(10, 0, -1):  ← 10에서 0이될때까지 -1씩 감소
          print(i)
          sleep(1)
    drone.close()
```

```
Python 3.8.2 Shell                              —  □  ×
File  Edit  Shell  Debug  Option  Window  Help

0 0 -100 0
1
0 0 -100 0
0 0 -100 -12
>>>
```

3. 하드웨어 입력과 화면 출력

4장에서 배웠던 turtle을 이용하여 조종기와 연동한 프로그램을 만들어 보겠습니다.

```
from time import sleep
from turtle import *
from e_drone.drone import *
from e_drone.protocol import *
def eventButton(button):
    print(button.button)
    if button.button == 1 :        ← 1번 버튼
        circle(10)
    elif button.button == 2 :      ← 2번 버튼
        circle(30)
    elif button.button == 4 :      ← 4번 버튼
        circle(50)
    elif button.button == 8 :      ← 8번 버튼
        circle(100)
if __name__ == '__main__':
    drone = Drone()
    drone.open('com3')
    drone.setEventHandler(DataType.Button, eventButton)
    drone.sendPing(DeviceType.Controller)
```

■ 입력 조이스틱값 이용한 그림 그리기

조이스틱을 이용하여 그림을 그리는 예제를 만들어 보겠습니다.

조이스틱값을 지속해서 입력받기 위해서 타이머 이벤트를 통해 지속해서 값을 받아드리도록 하고, 이를 main에서 호출합니다. 그리고 이벤트 함수 안에 turtle을 x, y 좌표로 가는 goto함수를 이용하여 조종기의 조이스틱과 동기화시킵니다.

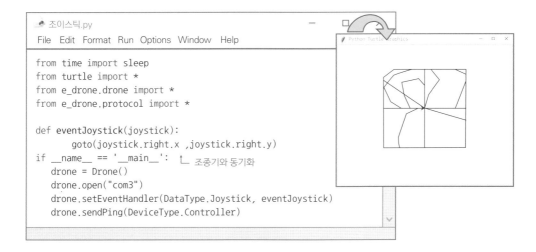

드론 조종기를 PC에 연결할 때 일부 파이썬 라이브러리를 pip install e_drone을 통해 설치했었습니다. 코드론 미니에 사용할 수 있는 함수들은 매우 다양하고 많습니다. 로보링크 사이트(https://robolink.gitbook.io/manual/codrone_lib/codrone_python_main) 를 통해서 더 많은 함수들을 확인할 수 있습니다.

4. 제어 함수 알아보기

드론을 제어하는 함수를 알아보겠습니다.

센서값을 확인하는 부분은 sendRequest함수, 드론에 비행에 관련된 것은 조종 함수, led에 관련된 것은 sendLightDefaultColor함수를 이용할 것입니다.

Drone 클래스의 public 함수

이름	설명
isOpen()	시리얼 포트가 열린 경우 True 반환
open(portname)	시리얼 포트 열기. 포트가 열린 경우 True 반환
close()	시리얼 포트 닫기
makeTransferDataArray(header, data)	전송할 데이터 바이트 배열 생성
transfer(header, data)	데이터 전송(내부에서 makeTransferDataArray 함수를 실행함)
check()	수신 받은 데이터 확인. 데이터를 받은 경우 DataType을 반환
checkDetail()	수신 받은 데이터 확인. Header와 Data를 튜플로 반환
setEventHandler(dataType, eventHandler)	특정 타입의 데이터를 수신했을 때 호출할 사용자 지정 함수 등록
getHeader(dataType)	지정한 타입의 데이터와 함께 받은 헤더 반환
getData(dataType)	지정한 타입의 데이터 반환(데이터가 없으면 None 반환)
getCount(dataType)	지정한 타입의 데이터를 받은 횟수를 반환(데이터가 없으면 None 반환)
convertByteArrayToString(dataArray)	바이트 배열을 Hex 문자열로 변경하여 반환

일반 함수

이름	설명
sendPing	핑 전송
sendRequest	데이터 요청
sendPairing	페어링 설정

LED 함수

이름	설명
sendLightDefaultColor	기본 모드 설정 (RGB)

조종 함수

이름	설명
sendTakeOff	이륙
sendLanding	착륙
sendStop	정지
sendControl	비행 조종
sendControlWhile	지정한 시간 동안 비행 조종 명령 전송

이동 변수

이름	형식 또는 범위	설명
roll	-100 ~ 100	좌, 우 이동
pitch	-100 ~ 100	전진, 후진
yaw	-100 ~ 100	회전
throttle	-100 ~ 100	상,하 이동

파이썬 라이브러리를 사용하기 위해서는 PC에 Python3 버전이 설치되어 있어야 합니다. 현재 Python3.6부터 3.7버전까지 테스트되었습니다.

5. 드론 정보 확인하기

코드론 미니에는 자이로센서, 가속도 센서, 기압센서가 있습니다. 자이로 센서는 X, Y, Z축으로 운동하는 물체의 회전 각도를 측정하고, 가속도 센서는 물체의 가속도와 방향을 이용하여 움직임, 진동, 충격 등 물체의 운동 상태를 감지해서 3차원 공간에서 전후 · 좌우 · 상하 움직임을 측정합니다.

기압 센서는 드론과 지면의 기압 차를 측정해서 드론이 같은 높이로 날 수 있게 합니다. 기압 센서가 없으면 드론이 같은 고도를 유지할 수 있게 조종자가 컨트롤러로 직접 조종해야 합니다. 이 센서값을 읽어서 드론의 정보를 확인할 수 있습니다.

드론의 정보를 확인하기 위해서는 컨트롤러와 드론을 페어링하고 USB 케이블로 컨트롤러와 컴퓨터를 연결합니다.

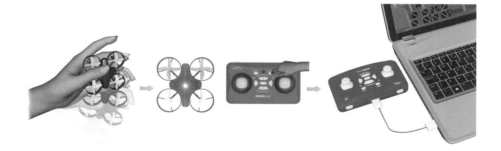

■ 자이로, 가속도 센서값 불러오기

전송할 대상 장치 ┐ ┌ 데이터 타입

def sendRequest(self, deviceType, dataType):

데이터를 요청할 때 사용 ┘
- eventMotion　- eventAttitude　- sendRequst()

159

변수를 만들고 이벤트 발생하면 자이로 센서의 값과 가속도 센서의 값을 불러올 수 있습니다. Motion(motion):을 사용하여 값을 불러 옵니다.

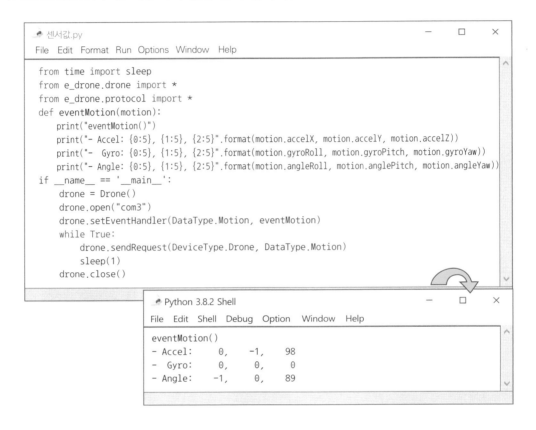

eventMotion(motion) :명령으로 자이로 센서와 가속도 센서의 값을 확인할 수 있습니다.

1. Accel : 가속도 센서의 상태를 표시합니다.(motion.accelX : x축, motion.accelY :y축,motion.accelZ : z축)

2. Gyro : 자이로센서의 기울기를 표시합니다.(motion.gyroRoll : 자이로 센서의 Roll(좌, 우) 각속 상태, motion.gyroPitch : 자이로 센서의 Pitch(앞, 뒤) 각속 상태, motion.gyroYaw : 자이로 센서의 Yaw(좌, 우회전) 각속 상태)

■ 온도, 압력, 고도 센서값 불러오기

Attitude(altitude) : 를 사용하여 고도 센서의 값을 불러옵니다.

센서값.py

File Edit Format Run Options Window Help

```
from time import sleep
from e_drone.drone import *
from e_drone.protocol import *
def eventAltitude(altitude):
    print("eventAltitude()")
    print("- Temperature: {0:.3f}".format(altitude.temperature))    ← 온도
    print("- Pressure: {0:.3f}".format(altitude.pressure))          ← 압력(기압)
    print("- Altitude: {0:.3f}".format(altitude.altitude))          ← 고도
    print("- Range Height: {0:.3f}".format(altitude.rangeHeight))   ← 해발고도
if __name__ == '__main__':
    drone = Drone()
    drone.open("com3")
    drone.setEventHandler(DataType.Altitude, eventAltitude)
    while True:
        drone.sendRequest(DeviceType.Drone, DataType.Altitude)
        sleep(1)
    drone.close()
```

Python 3.8.2 Shell

File Edit Shell Debug Option Window Help

```
eventAltitude()
- Temperature: 38.183
- Pressure: 100912.852
- Altitude: 143.372
- Range Height: 0.000
```

확인 학습

1. 조종기의 버튼을 누르면 여러분이 원하는 문구를 출력하는 프로그램을 만들어 보세요..

2. 조종기의 오른쪽 조이스틱에 방향과 값에 따라 "동서남북"을 출력하는 프로그램을 만들어 보세요..

3. 드론의 자이로,가속도센서를 활용해서 흔들어서 주사위처럼 랜덤으로 숫자가 나오는 프로그램을 만들어 보세요.

4. 드론을 altitude 고도를 이용하여 키를 측정하는 프로그램을 만들어 보세요. 〈 현재 측정되는 고도를 기준으로 해서 +, −값을 해서 실제 물리적인 고도값을 얻을 수 있습니다. 〉

Memo

_____

_____

_____

_____

_____

_____

_____

_____

_____

_____

_____

파이썬과

드론

파이썬 첫걸음을 드론과 함께

Chapter 8

파이썬으로 드론 제어하기

DRONE

PYTHON & DRONE

1. 드론 LED 제어하기

드론의 LED를 파이썬을 사용하여 제어할 수 있으며 LED는 RGB LED로 빨강, 초록, 파란색을 각각 0~255의 값의 밝기로 변경할 수 있습니다.

드론의 LED를 빨간색으로 내고 싶다면 빨간색의 LED를 켜고 녹색과 파란색 LED를 끄면 드론의 LED는 빨간색을 띄게 됩니다. 빨간색과 녹색만 켜고 파란색을 끄게 되면 LED는 빨강과 녹색이 섞인 노란색 빛을 띄게 됩니다.

■ LED 반복 점멸

드론의 LED를 2초간 반복점멸 하게 만들겠습니다.

LED제어 함수 ┐　　　　　　　　　　　　LED동작모드 ┐ ┌ 간격(0~65535)

def sendLightDefaultColor(self, mode, interval, r, g, b):

(최소 밝기0 ~ 최대 밝기255) ┘

```
📄 센서값.py                                                    —    □    ×
File  Edit  Format  Run  Options  Window  Help
import random                                           ← random 사용
from time import sleep
from e_drone.drone import *
from e_drone.protocol import *
if __name__ == '__main__':
    drone = Drone(True, True, True, True, True)
    drone.open("com3")
    while True:              ← 무한반복
        drone.sendLightDefaultColor(LightModeDrone.BodyDimming, 1, 255, 0, 0)  ← 빨강
        sleep(2)
        drone.sendLightDefaultColor(LightModeDrone.BodyDimming, 1, 0, 255, 0)  ← 녹색
        sleep(2)
        drone.sendLightDefaultColor(LightModeDrone.BodyDimming, 1, 0, 0, 255)  ← 파랑
        sleep(2)
    drone.close()                                    ↑      ↑
                                                    LED    간격
```

Chapter 8 파이썬으로 드론 제어하기

R(100),G(0),B(0)   R(0),G(100),B(0)   R(0),G(0),B(100)

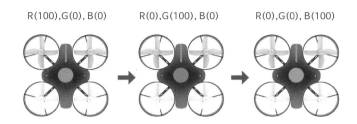

■ LED 밝기 변경

드론의 LED를 랜덤한 색으로 10회 점점 밝아졌다가 어두워지게 만들겠습니다.

```
🖉 센서값.py                                                    —    □    ×
File  Edit  Format  Run  Options  Window  Help

import random
from time import sleep
from e_drone.drone import *
from e_drone.protocol import *
if __name__ == '__main__':
    drone = Drone(True, True, True, True, True)
    drone.open("com3")
    for i in range(0, 10, 1):              ← 0에서 10까지 1씩 증가
        r = int(random.randint(0, 255))    ← 0에서 255사이의 수를 정수로
        g = int(random.randint(0, 255))
        b = int(random.randint(0, 255))
        dataArray = drone.sendLightDefaultColor(LightModeDrone.BodyDimming, 1, r, g, b)
        print(" {0} / {1}".format(i, convertByteArrayToString(dataArray)))
        sleep(2)                 └ dataArray 값을 화면에 출력하기 위해 String로 변환
    drone.close()
```

 convertByteArrayToString

특정 함수들은 타입의 포맷이 정해져 있어서 타입의 형을 변환하는 함수를 사용합니다.

2. 드론 제어하기

파이썬 명령을 사용하여 드론을 이륙하고 착륙해 보겠습니다. 드론이 이륙할 때와 착륙 할 때는 안전 사항에 유의하여야 합니다.

실제 드론이 이륙하고 이동하기 때문에 매우 긴급한 사항이 생길 수 있고 잘못 코딩하여 멀리 날아가는 때도 있어서 비상 제어방법에 대해 알아보겠습니다.

파이썬은 조종기가 컴퓨터에 연결된 상태에서 프로그램을 통해 조종기가 드론에 신호를 보내주게 됩니다. 이때는 조종기가 동작하지 않습니다. 이 상태에서 전원 버튼을 한번 눌러주면 프로그램모드는 종료되고 조종기모드로 동작됩니다. 다시 프로그램 모드로 돌아가려면 전원을 다시 한번 눌러주면 됩니다.

조종모드 : led on, 코딩모드 led 점멸

코딩모드에서 코딩한 드론을 가져오거나, 실수로 프로그램을 잘못하여 이상하게 동작을 할 때는 전원 버튼을 눌러 조종모드로 전환되어 조종기로 드론을 제어할 수 있습니다.

드론이 벽에 부딪히거나 땅에 떨어져 상태가 매우 불안정해져 코딩한 대로 움직이지 않을 때 초기화를 해줘서 원래 상태로 되돌려줘야 합니다.

■ 초기화

드론을 조종하기 전에 부품에 이상은 없는지 확인해야 합니다. 드론의 프로펠러, 모터, 배터리 등의 상태를 확인하고 평평한 곳에서 센서를 초기화(리셋)해서 캘리브레이션 합니다.

평평한 곳에서 sendClearBias() 명령을 사용하면 가속도,기울기, 각속상태, 트림이 초기화됩니다.

그 상태를 기준으로 드론이 균형을 잡습니다. 만약 기울어진 곳에서 센서를 초기화하면 기울어진 상태가 기준점이 되므로 드론이 원하는 대로 움직이지 않습니다.

```
🐍 초기화.py                                              —   □   ×
File  Edit  Format  Run  Options  Window  Help

  from time import sleep
  from e_drone.drone import *
  from e_drone.protocol import *

  def eventTrim(trim):
      print("{0}, {1}, {2}, {3}".format(trim.roll, trim.pitch, trim.yaw, trim.throttle))

  def eventMotion(motion):
      print("eventMotion()")
      print("- Accel: {0:5}, {1:5}, {2:5}".format(motion.accelX, motion.accelY, motion.accelZ))
      print("-  Gyro: {0:5}, {1:5}, {2:5}".format(motion.gyroRoll, motion.gyroPitch, motion.gyroYaw))
      print("- Angle: {0:5}, {1:5}, {2:5}".format(motion.angleRoll, motion.anglePitch, motion.angleYaw))
                                                    └─ 이벤트 핸들링 함수 등록
  if __name__ == '__main__':    ← name 변수

      drone = Drone()
      drone.open("com3")  ← 사용자 port

      drone.setEventHandler(DataType.Trim, eventTrim)
      drone.setEventHandler(DataType.Motion, eventMotion)

      drone.sendClearBias()   ← Accel, Gyro, Anglw, Trim Reset
      sleep(0.01)

      drone.sendRequest(DeviceType.Drone, DataType.Trim)
      sleep(0.1)                                    ← 변경 사항을 확인
      drone.sendRequest(DeviceType.Drone, DataType.Motion)
      sleep(0.1)

      drone.close()
```

```
🐍 Python 3.8.2 Shell                                    —   □   ×
File  Edit  Shell  Debug  Option  Window  Help

0, 0, 0, 0                              ← 트림
eventMotion()
- Accel:      0,      0,      0         ← 가속도
-  Gyro:      0,      0,      0         ← 수평
- Angle:      0,      0,      0         ← 각속상태
```

Chapter 8

2. 드론 제어하기

■ 트림 초기화

sendClearBias() 명령을 사용하여 초기화를 하면 모든 상태가 초기화됩니다. 간혹 다른 상태는 변경하지 않고 트림만 초기화 해야하는 경우가 발생합니다. sendClearTrim() 명령을 사용하여 트림만 초기화 할 수 있습니다.

```
트림 초기화.py                                          —   □   ×
File  Edit  Format  Run  Options  Window  Help

from time import sleep
from e_drone.drone import *
from e_drone.protocol import *

def eventTrim(trim):
    print("{0}, {1}, {2}, {3}".format(trim.roll, trim.pitch, trim.yaw, trim.throttle))

if __name__ == '__main__':     ← name 변수

    drone = Drone()
    drone.open("com3")  ← 사용자 port

    drone.setEventHandler(DataType.Trim, eventTrim)        ← 이벤트 핸들링 함수 등록

    drone.sendClearTrim()    ← 트림 Reset
    sleep(0.01)

    drone.sendRequest(DeviceType.Drone, DataType.Trim)    ← 변경 사항을 확인
    sleep(0.1)

    i = 0
    while i < 5 :
        i += 1
        drone.sendRequest(DeviceType.Drone, DataType.Trim)← while문으로 5번정도 확인
        sleep(0.1)

    drone.close()
```

```
Python 3.8.2 Shell                              —   □   ×
File  Edit  Shell  Debug  Option  Window  Help

0, 0, 0, 0
0, 0, 0, 0
0, 0, 0, 0   ← 트림 설정값
0, 0, 0, 0
0, 0, 0, 0
```

■ 이착륙

조종함수로 드론의 이착륙과 동작을 제어할 수 있습니다

비행조종에 사용 ┐   좌, 우이동 ┐   회전 ┐   상,하이동 ┐   동작시간 ┐

def sendControlWhile(self, roll, pitch, yaw, throttle, timeMs):

전,후이동 ┘

drone.sendTakeOff( ) : 이륙 명령을 보냅니다.

drone.sendControlWhile(0, 0, 0, 0, 5000) : 컨트롤은 0인 상태로 5초 정지합니다.

drone.sendControlWhile(0, 0, 0, 0, 1000) : 1초 더 정지합니다.

drone.sendLanding( ) : 안전하게 착륙하기 위해 landing 함수는 2번 정도 호출합니다.

```
● 이착륙.py                                                    —  □  ×
File  Edit  Format  Run  Options  Window  Help

from time import sleep
from e_drone.drone import *
from e_drone.protocol import *
if __name__ == '__main__':
    drone = Drone()
    drone.open("com3")
    print("TakeOff")
    drone.sendTakeOff()
    sleep(0.01)

    print("Hovering")
    drone.sendControlWhile(0, 0, 0, 0, 5000)

    print("Go Stop")
    drone.sendControlWhile(0, 0, 0, 0, 1000)

    print("Landing")
    drone.sendLanding()
    sleep(0.01)
    drone.sendLanding()
    sleep(0.01)

    drone.close()
```

1초 정지

5초

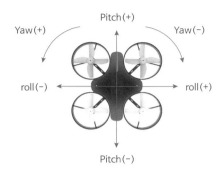

이름	형식 또는 범위	설명
roll	-100 ~ 100	좌, 우 이동
pitch	-100 ~ 100	전진, 후진
yaw	-100 ~ 100	회전
throttle	-100 ~ 100	상,하 이동
timeMs	0~1,000,000	동작 시간(ms)

*주의 : 블록프로그램은 드론의 일반적 이해로 + 시계방향 / − 반시계방향으로 구동되지만, 파이썬 프로그램은 실제 내부 장착된 자이로의 값자체가 +반시계방향 / − 시계방향으로 설정되어있어서 유의하시기바랍니다.

■ 트림

드론을 비행시키기 전에 반드시 trim을 해야합니다. trim은 조종기로도 가능하지만 파이썬 코딩으로도 가능합니다.

▶ 1) 우선 드론을 이륙시켜봅니다.

▶ 2) 드론이 호버링하면서 흘러가는 방향을 기억합시다.

▶ 3) trim 명령을 통해서 흘러가지 않게 트림값을 변경합니다.

드론을 이륙시켜 흘러가는 방향을 확인한 후 sendTrim 명령으로 흘러가지 않도록 적절한 trim 값을 설정할 수 있습니다.

sendTrim 명령값은 roll, pitch, yaw, throttle 순서이고 −200에서 200까지의 범위에서 값을

변경할 수 있습니다.

sendTrim 명령값 중 yaw값과 throttle값은 드론 내부센서로 컨트롤되므로 값을 변경하여도 작동하지 않습니다.

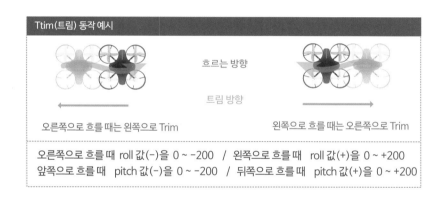

sendRequest 명령으로 드론의 현재 트림값을 확인할 수 있습니다.

drone.sendRequest(DeviceType.Drone, DataType.Trim)

데이터를 요청할 때 사용 ──┘   전송할 대상 장치 ──┘   드론의 트림값 ──┘

트림값 명령은 상단에 추가하여 드론이 안정된 호버링을 할 수 있도록 만들어야 하고 드론이 충격을 받거나 환경이 바뀌면 트림값을 변경해 주어야 합니다.

프로그램을 실행(F5)하여 나타나는 값 중 첫째 줄 0, 0, 0, 0은 현재 적용된 트림값을 나타냅니다. 트림값을 변경하면 이 값도 변경된 값으로 바뀝니다.

```
트림.py                                                              —   □   ✕
File  Edit  Format  Run  Options  Window   Help

 from time import sleep
 from e_drone.drone import *
 from e_drone.protocol import *
                                                              ┌─────┐
                                                              │ 트림 │
                                                              └─────┘
 def eventTrim(trim):
     print("{0}, {1}, {2}, {3}".format(trim.roll, trim.pitch, trim.yaw, trim.throttle))

 if __name__ == '__main__':    ← __name__ 변수

     drone = Drone()
     drone.open("com3")   ← 사용자 port

     drone.setEventHandler(DataType.Trim, eventTrim)        ← 이벤트 핸들링 함수 등록

     drone.sendTrim(0, 0, 0, 0)  ← 트림 설정 변경(roll, pitch, yaw, throttle)
     sleep(0.01)

     drone.sendRequest(DeviceType.Drone, DataType.Trim)     ← 변경 사항을 확인
     sleep(0.1)
                                                              ┌───────┐
                                                              │ 이착륙 │
                                                              └───────┘
     print("TakeOff")
     drone.sendTakeOff()
     sleep(0.01)

     print("Hovering")
     drone.sendControlWhile(0, 0, 0, 0, 5000)

     print("Go Stop")
     drone.sendControlWhile(0, 0, 0, 0, 1000)

     print("Landing")
     drone.sendLanding()
     sleep(0.01)
     drone.sendLanding()
     sleep(0.01)

     drone.close()
```

```
Python 3.8.2 Shell                                         —   □   ✕
File  Edit  Shell  Debug  Option  Window   Help

0, 0, 0, 0   ← 트림 설정값
TakeOff
Hovering
Go Stop
Landing
```

■ 전진

drone.sendTakeOff() : 이륙 명령을 보냅니다.

drone.sendControlWhile(0, 0, 0, 0, 5000) : 컨트롤은 0인 상태로 5초 정지합니다.

drone.sendControlWhile(0, 50, 0, 0, 2000) : 전진 명령(피치 50%)을 전송후 2초 전진합니다.

drone.sendControlWhile(0, 0, 0, 0, 1000) : 컨트롤은 0인 상태로 1초 정지합니다.

drone.sendLanding() : 안전하게 착륙하기 위해 landing 함수는 2번 정도씩 호출합니다.

```
이착륙.py                                              —    □    ×
File  Edit  Format  Run  Options  Window  Help

from time import sleep
from e_drone.drone import *
from e_drone.protocol import *
if __name__ == '__main__':
    drone = Drone()
    drone.open("com3")
    print("TakeOff")
    drone.sendTakeOff()
    sleep(0.01)

    print("Hovering")
    drone.sendControlWhile(0, 0, 0, 0, 5000)

    print("Go Start")
    drone.sendControlWhile( 0, 50, 0, 0, 2000)

    print("Go Stop")
    drone.sendControlWhile(0, 0, 0, 0, 1000)

    print("Landing")
    drone.sendLanding()
    sleep(0.01)
    drone.sendLanding()
    sleep(0.01)

    drone.close()
```

2초 피치 (+50)   1초 정지

5초

■ 플립

드론 명령에는 일반적인 roll, pitch, yaw, throttle 명령 이외에 FightEvent이 있습니다. 이착륙 이외에 대표적으로 공중에서 한 바퀴를 회전하는 플립 명령입니다.

비행 이벤트 ┐   이벤트 ┐

def sendFlightEvent(self, flightEvent):

■ FlipFront   ■ FlipRear   ■ FlipLeft   ■FlipRight

drone.sendTakeOff() : 이륙 명령을 보냅니다.

drone.sendControlWhile(0, 0, 0, 0, 5000) : 컨트롤은 0인 상태로 5초 정지합니다.

drone.sendFlightEvent(FlightEvent.FlipFront) sleep(1) : 앞으로 플립 할 수 있도록 1초 시간을 줍니다.

drone.sendControlWhile(0, 0, 0, 0, 3000) : 플립 후 호버링을 위해 3초 시간을 줍니다.

```
🐍 플립.py                                                   ─    □    ×
File  Edit  Format  Run  Options  Window  Help

from time import sleep
from e_drone.drone import *
from e_drone.protocol import *
if __name__ == '__main__':
    drone = Drone()
    drone.open("com3")
    print("TakeOff")
    drone.sendTakeOff()
    sleep(0.01)

    print("Hovering")
    drone.sendControlWhile(0, 0, 0, 0, 5000)
    print("Flip")
    drone.sendFlightEvent(FlightEvent.FlipLeft)
    sleep(1)
    print("Hovering")
    drone.sendControlWhile(0, 0, 0, 0, 3000)
    print("Landing")
    drone.sendLanding()
    sleep(0.01)
    drone.sendLanding()
    sleep(0.01)

    drone.close()
```

3초 정지

5초

3. 패턴 비행

오토 호버링 기능이 있어도 환경에 드론이 흐를 수 있습니다. 흐르는 방향을 잡아주는 것을 '트림(Trim : 미세조정)'한다고 하며 조종기를 사용하여 트림 후 호버링이 유지한 상태에서 패턴비행을 해야만 원하는 패턴을 만들 수 있습니다.

▮트림조정 방향   ▮드론이 흐르는 방향

■ 사각 패턴비행

roll, pitch를 사용한 사각 패턴비행입니다. 각 이동 동작 실행 후 안정화를 위해 1초 정도 호버링 시켜주면서 동작합니다.

drone.sendControlWhile(0, 50, 0, 0, 1000) : 1초 동안 전진시킵니다. (피치 50%)

drone.sendControlWhile(0, 0, 0, 0, 1000) : 1초 동안 전진을 멈춥니다. (피치 0%)

drone.sendControlWhile(50, 0, 0, 0, 1000) : 초 동안 우측으로 이동시킵니다. (롤 50%)

drone.sendControlWhile(0, 0, 0, 0, 1000 : 1초 동안 우측 이동을 멈춥니다. (롤 0%)

drone.sendControlWhile(0, -50, 0, 0, 1000) : 초 동안 후진시킵니다. (피치 -50%)

drone.sendControlWhile(0, 0, 0, 0, 1000) : 1초 동안 후진을 멈춥니다. (피치 0%)

drone.sendControlWhile(-50, 0, 0, 0, 1000) : 1초 동안 좌측으로 이동시킵니다. (롤 -50%)

drone.sendControlWhile(0, 0, 0, 0, 1000) : 1초 동안 좌측 이동을 멈춥니다. (롤 0%)

```
● 사각패턴.py                                          ─    □    ×
File  Edit  Format  Run  Options  Window  Help

from time import sleep
from e_drone.drone import *
from e_drone.protocol import *
if __name__ == '__main__':
    drone = Drone()
    drone.open("com3")
    print("TakeOff")
    drone.sendTakeOff()
    sleep(0.01)

    print("Hovering")
    drone.sendControlWhile(0, 0, 0, 0, 4000)

    print("Go Start")
    drone.sendControlWhile( 0, 50, 0, 0, 1000)
    drone.sendControlWhile(0, 0, 0, 0, 1000)
    drone.sendControlWhile( 50, 0, 0, 0, 1000)
    drone.sendControlWhile(0, 0, 0, 0, 1000)
    drone.sendControlWhile( 0, -50, 0, 0, 1000)
    drone.sendControlWhile(0, 0, 0, 0, 1000)
    drone.sendControlWhile( -50, 0, 0, 0, 1000)
    drone.sendControlWhile(0, 0, 0, 0, 1000)
    print("Go Stop")

    print("Landing")
    drone.sendLanding()
    sleep(0.01)
    drone.sendLanding()
    sleep(0.01)

    drone.close()
```

1초정지   롤(+50)   1초정지

피치(+50) ↑   ↓ 피치(-50)

1초정지   ← 롤150)   1초정지

■ 원 패턴비행

속도를 변경하여 원의 크기를 조절합니다. yaw의 명령은 −가 시계방향 +가 반시계방향으로 회전하며 roll은 좌우 이동 명령이고, yaw는 좌우 회전 명령이기 때문에 두 개가 합쳐져서 원운동을 하게 됩니다.

원의 반경은 yaw의 값이 작을수록 커지게 되어있으며, 다양한 조합으로 다음 표와 같이 다양한 원 비행을 만들 수 있습니다.

요우	피치 또는 롤	회전 방향	요우	피치 또는 롤	회전 방향
↻	↑	앞쪽 시계 방향	↻	→	오른쪽 시계 방향
↺	↑	앞쪽 시계 반대 방향	↺	→	오른쪽 시계 반대 방향
↻	↓	뒤쪽 시계 방향	↻	←	왼쪽 시계 방향
↺	↓	뒤쪽 시계 반대 방향	↺	←	왼쪽 시계 반대 방향

drone.sendControlWhile(50, 0, -50, 0, 4000) : 4초 시계방향으로 회전합니다. (피치 0%)
drone.sendControlWhile(0, 0, 0, 0, 1000) : 회전을 멈춰줍니다.

```
from time import sleep
from e_drone.drone import *
from e_drone.protocol import *
if __name__ == '__main__':
    drone = Drone()
    drone.open("com3")
    print("TakeOff")
    drone.sendTakeOff()
    sleep(0.01)

    print("Hovering")
    drone.sendControlWhile(0, 0, 0, 0, 4000)

    print("Go Start")
    drone.sendControlWhile( 50, 0, -50, 0, 4000)

    print("Go Stop")
    drone.sendControlWhile(0, 0, 0, 0, 1000)

    print("Landing")
    drone.sendLanding()
    sleep(0.01)
    drone.sendLanding()
    sleep(0.01)

    drone.close()
```

■ 8자 원 비행

오른쪽으로 시계방향으로 한 바퀴 돌고, 왼쪽으로 시계방향으로 한 바퀴 돌도록 합니다. 이때 드론이 한 바퀴 도는 시간을 알맞게 설정해줘야 합니다.

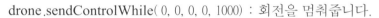

drone.sendControlWhile(50, 0, -50, 0, 3000)
: 오른쪽으로 시계방향 한 바퀴를 회전합니다. (피치 0%)

drone.sendControlWhile(0, 0, 0, 0, 1000) : 회전을 멈춰줍니다.

drone.sendControlWhile(-50, 0, -50, 0, 3000) : 왼쪽으로 시계방향 한 바퀴를 회전합니다. (피치 0%)

drone.sendControlWhile(0, 0, 0, 0, 1000) : 회전을 멈춰줍니다

■ 회오리 회전 원 비행

회오리 회전은 일반적인 원 비행에서 throttle 값만 조금 추가해주면 가능합니다.

Speed 2 기준으로 다음과 같이 명령을 주면 작은 반경으로 상승하면서 올라가는 비행이 구동됩니다.

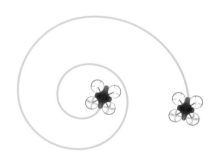

drone.sendControlWhile(50, 0, -60, 25, 5000) : 시계 방향으로 빠르게 회전하면서 throttle 25 정도의 속도로 천천히 상승하게 됩니다.

drone.sendControlWhile(0, 0, 0, 0, 1000) : 회전을 멈춰줍니다.

■ 지그재그 비행

회전 yaw 명령과 직진 pitch 명령을 이용하여 지그재그 비행을 할 수 있습니다. 반복적인 동작은 for문을 이용하여 표현합니다.

for i in range(4, 0, -1) : 지그재그 한 동작을 4회 반복해줍니다.

drone.sendControlWhile(0, 0, -30, 0, 600) : 0.6초 시계방향으로 45도 정도 회전합니다. 실제 드론의 Speed 값(레벨 1, 2, 3)에 따라 yaw 값과 시간을 동시에 알맞게 바꿔줘야 합니다. 레벨 1 기준으로 yaw 30의 힘과 0.6초의 조합은 약 45도 정도를 만들어 줍니다.

drone.sendControlWhile(0, 30, 0, 0, 1000) : pitch 30의 힘으로 1초간 직진합니다.

drone.sendControlWhile(0, 0, 30, 0, 600) : 0.6초 반시계방향으로 45도 정도 회전합니다.

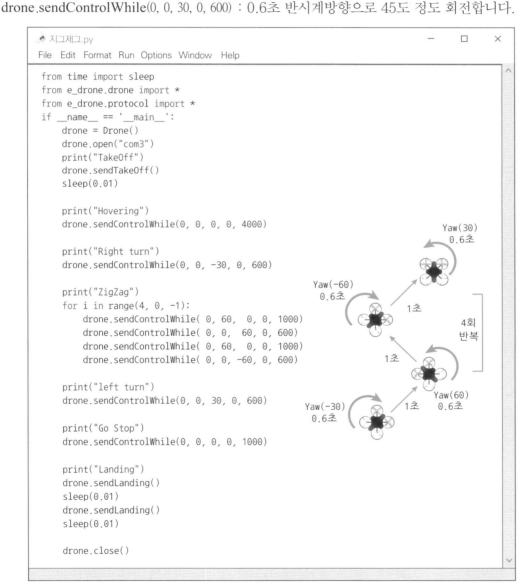

Chapter 8

파이썬과
드론

파이썬 첫걸음을 드론과 함께

Chapter 9

영상인식과 드론

DRONE

1. OpenCV 영상인식

OpenCV 이것은 영상인식에 관심이 있는 사람들은 한 번씩 들어본 용어일 것입니다.

OpenCV는 Open Source Computer Vision의 약자이며 실시간 컴퓨터 비전을 목적으로 한 프로그래밍 라이브러리입니다. 실시간으로 이미지 프로세싱을 쉽게 할 수 있도록 인텔에서 만든 라이브러리이고 사물의 색깔, 모양, 사람의 얼굴, 몸짓 등 기본적인 영상인식 뿐 아니라 TensorFlow, Torch등의 딥러닝 프레임워크까지 지원합니다.

즉 OpenCV는 영상으로 사물의 특성을 분석하여 인식하게 하는 도구이며, 이를 라이브러리화하여 우리가 쉽게 영상인식에 활용할 수 있도록 만든 기술입니다. 이를 통해 주자창의 번호판 인식, 자동차의 불법단속, CCTV등 다양한 서비스로 활용되고 있습니다.

TensorFlow는 머신 러닝을 위한 오픈소스 소프트웨어입니다.

 C++ 언어로 작성되었고, 파이썬(Python) 응용 프로그래밍 인터페이스(API)를 제공하여 OpenCV의 영상인식을 머신러닝으로 융합하는데 사용되며, 검색, 음성 인식, 번역 등의 구글 앱에 사용 되는 기계 학습용 엔진으로, 2015년에 공개 소스 소프트웨어(open source software)로 전환되었습니다.

OpenCV는 C/C++ 프로그래밍 언어로 개발 되었으며 파이썬, 자바 및 매트랩 / OCTAVE에 바인딩 되어 프로그래머에게 개발 환경을 지원합니다. 특히 요즘 파이썬에서 많이 사용되고 있고 그중에서도 인공지능 쪽으로 특히 활용되고 있습니다.

TensorFlow

OpenCV

■ 파이썬에서 OpenCV 설치 방법

Chapter 7 파이썬과 드론의 만남에서 pip를 통해 다양한 라이브러리를 손쉽게 설치할 수 있었습니다. OpenCV도 이와 마찬가지로 관련 라이브러리를 설치해야합니다.

OpenCV를 설치하기 위해서는 컴퓨터의 검색창에 cmd를 검색해 오른쪽 마우스 클릭하고 관리자 권한으로 실행을 클릭합니다.

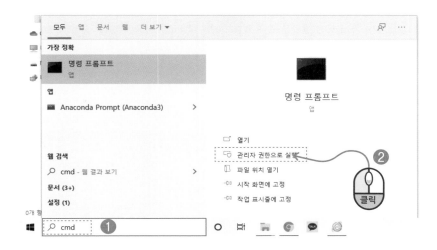

관리자: 명령프롬프트창이 열리면 다음 명령어를 입력합니다.

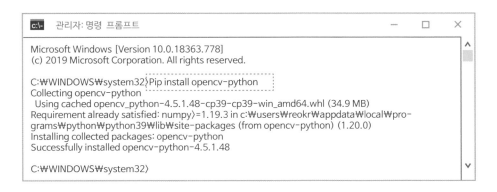

Pip install OpenCV-python : OpenCV의 메인 모듈 설치

Pip install OpenCV-contrib-python : contrib 모듈(래퍼 패키지)

Pip install numpy : 데이터 분석 환경에서 많이 사용되는 행렬 연산을 위한 라이브러리

Pip install matplotlib : 도표, 차트, 그래프 등을 구현할 수 있도록 해주는 그래픽 라이브러리

문제없이 설치가 되었는지 확인하려면 python idle를 통해 다음과 같이 입력합니다.

```
Python 3.8.2 (tags/v3.8.2:7b3ab59, Feb 25 2020, 22:45:29) [MSC v.1916 32 bit (Intel)]
on win32
Type "help", "copyright", "credits" or "license()" for more information.
>>> import cv2 as cv
>>> print(cv.__version__)
4.5.1
>>>
```

cv의 버전이 출력되면 설치가 된 것입니다.

만약 위 cv 버전확인에서 에러가 난다면, 다음 사항을 체크합니다.

```
Python 3.8.2 (tags/v3.8.2:7b3ab59, Feb 25 2020, 22:45:29) [MSC v.1916 32 bit (Intel)]
on win32
Type "help", "copyright", "credits" or "license()" for more information.
>>> import cv2 as cv
Traceback (most recent call last):
  File "<pyshell#1>", line 1, in <module>
ModuleNotFoundError: No module named 'cv2'
>>>
```

1) 파이썬 버전이 여러 개 설치되어있는 경우

파이썬이 여러 버전 설치되어 있다면, pip version을 통해 지금 사용하는 파이썬 버전에 설치되었는지 확인하고, 해당 파이썬 버전을 설치하거나, OpenCV를 재설치합니다.

 ## 2) OpenCV 설치가 제대로 안 된 경우

pip를 uninstall한 후 모두 다시 install을 해줍니다. 이때도 역시 파이썬 버전을 확인하고 설치합니다.

Pip uninstall OpenCV-python

Pip uninstall OpenCV-contrib-python

Pip uninstall numpy

Pip uninstall matplotlib

Chapter 9

1. OpenCV 영상인식

■ 이미지 사진에서 원하는 것 검출하기(코드론미니, 사람얼굴, 도형)

특정경로에 이미지파일을 옮겨놓고 그 파일을 열어보는 예제를 만들어 OpenCV 기능을 확인 해 보겠습니다.

C드라이브에 이름을 img로 폴더를 만들고 codrone.jpg 이미지파일을 옮겨놓습니다.(C:₩img₩codrone.jpg)

IDLE 쉘 창 열고 〈File〉-〈New File〉를 순서대로 클릭하여 에디터 창을 만듭니다.

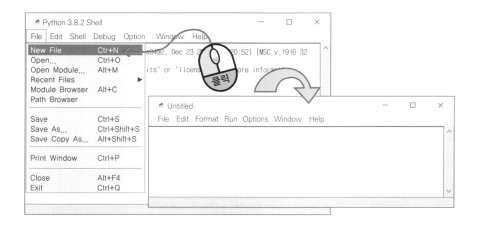

에디터 창에 프로그램을 작성합니다.

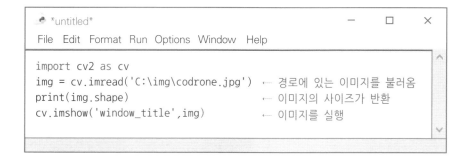

```
import cv2 as cv
img = cv.imread('C:\img\codrone.jpg')    ← 경로에 있는 이미지를 불러옴
print(img.shape)                          ← 이미지의 사이즈가 반환
cv.imshow('window_title',img)             ← 이미지를 실행
```

〈File〉-〈Save〉를 순서대로 누르거나 Ctrl과 'S'키를 동시에 눌러 원하는 장소에 파일을 저장합니다. 우리는 codrone이란 이름으로 저장하겠습니다.

Run 탭의 Run Module을 선택하거나 단축키인 F5 키보드 버튼을 눌러 프로그램을 실행 시킵니다.

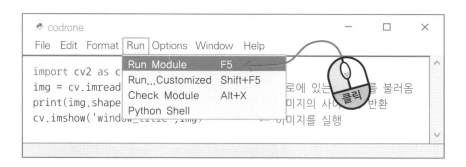

이렇게 코딩을 하고 실행을 시키면 다음과 같이 원하는 경로의 이미지가 불러와집니다.

이번에는 흑백처리를 하여 이미지를 불러와보겠습니다. 가끔 환경에 따라 흑백처리를 하면 더욱 사물의 경계나 모양이 뚜렷하게 나올 수 있어 더 쉽게 인식할 수 있습니다.

```
import cv2 as cv
img = cv.imread('C:\img\codrone.jpg')
print(img.shape)
img_gray = cv.cvtColor(img, cv.COLOR_BGR2GRAY)   ← 이미지를 흑백으로
cv.imshow('window_title',img_gray)
```

이미지가 흑백 이미지로 실행이 됩니다.

이번에는 여러 가지 객체가 나오는 사진에서 원하는 사진만 인식하는 예제를 만들어 보겠습니다.

여러 종류의 드론들이 나와 있는 이미지가 있습니다.

이중에서 우리가 원하는 드론의 이미지 코드론 미니를 인식하여 찾아보겠습니다.

이 이미지의 이름을 drones.jpg로 하여 C드라이브의 img로 폴더 안으로 옮겨놓고 에디터 창에 프로그램을 작성합니다.

```
*untitled*                                    —    □    ×
File  Edit  Format  Run  Options  Window  Help

import cv2 as cv

img = cv.imread(r'C:\img\drones.jpg',0)  ← 이미지를 흑백으로
a = cv.imread(r'C:\img\codrone.jpg',0)
b = cv.imread(r'C:\img\drones.jpg')
                        ┌─ 원하는 이미지를 특정화
result = cv.matchTemplate(img, a, cv.TM_SQDIFF)
minVal, maxVal, minLoc, maxLoc = cv.minMaxLoc(result)
x, y = minLoc              └─ 원하는 이미지의 위치 설정
h,w = a.shape
b = cv.rectangle(b, (x, y), (x + w, y + h), (0,0,255), 2)
                            └─ 원하는 이미지에 사각형 표시
cv.imshow("result",b)
cv.waitKey(0)
cv.destroyAllWindows()
```

단축키인 F5 키보드 버튼을 눌러 프로그램을 실행 시킵니다.

drones.jpg 이미지에서 codrone.jpg의 그림과 같은 그림을 찾아 사각박스를 만들어 줍니다.

2. 카메라를 이용한 얼굴인식

영상인식하면 가장 떠오르는 것이 바로 얼굴 인식일 것입니다.

이번에는 pc의 웹캠이나 노트북에 내장되어있는 카메라를 사용하여 얼굴을 인식하는 프로그램을 만드는 방법을 알아보도록 하겠습니다.

■ 카메라 켜기

에디터 창에 프로그램을 작성합니다.

```
import numpy as np
import cv2

cap = cv2.VideoCapture(0)          ← 0은 cam의 id로 고유id가 생김
cap.set(3,640)                     ← 영상 가로 넓이 설정
cap.set(4,480)                     ← 영상 세로 높이 설정

while(True):
    ret, frame = cap.read()
    frame = cv2.flip(frame, 1)  ← 영상 상하반전유무에 따라 0,1을 사용
    gray = cv2.cvtColor(frame, cv2.COLOR_BGR2GRAY)
                               ⌐ 영상처리를 위한 흑백처리
    cv2.imshow('frame', frame)
    cv2.imshow('gray', gray)

    k = cv2.waitKey(30) & 0xff
    if k == 27:                    ← press 'ESC' to quit
        break
cap.release()
cv2.destroyAllWindows()
```

단축키인 F5 키보드 버튼을 눌러 프로그램을 실행 하면 2개의 카메라창이 열립니다.

■ 사람얼굴인식

카메라를 구동하는 방법을 배웠습니다. 이제 실제 카메라에서 사람의 얼굴을 인식하는 방법을 알아보도록 하겠습니다.

```
import cv2
CAM_ID = 0

cap = cv2.VideoCapture(CAM_ID)       ← 카메라 생성
cv2.namedWindow('Face')              ← 윈도우 생성 및 사이즈 변경
face_cascade = cv2.CascadeClassifier()
                   └─ opencv의 인식모듈 사용을 위한 라이브러리
face_cascade.load(r'C:\opencv\sources\data\haarcascades\haar-
cascade_frontalface_default.xml')
   └─ opencv 설치 후 해당 xml의 경로를 자신의 컴퓨터에 맞도록 설정
while(True):
    ret, frame = cap.read()          ← 카메라에서 이미지 얻기
    grayframe = cv2.cvtColor(frame, cv2.COLOR_BGR2GRAY)
    grayframe = cv2.equalizeHist(grayframe
    faces = face_cascade.detectMultiScale(grayframe, 1.1, 3, 0, (30, 30))
                          └─ 회색으로 좀 더 얼굴 인식 구별 확인
    if faces is():
        print("0")
                                 ← 얼굴 인식이 안 되면 0 , 되면 1
    else:
        print("1")
```

2. 카메라를 이용한 불꽃감지

```
        for (x,y,w,h) in faces:
            cv2.rectangle(frame,(x,y),(x+w,y+h),(0,255,0),3, 4, 0)
                                        └─ 얼굴에 사각형을 표시
        cv2.imshow('Face',frame)

        if cv2.waitKey(10) >= 0:             ← 10ms 동안 키입력 대기
            break;

cap.release()
cv2.destroyWindow('Face')
```

단축키인 F5 키보드 버튼을 눌러 프로그램을 실행하면 카메라창이 열리고 얼굴이 인식되면
녹색 박스가 생성됩니다.

 haarcascades

OpenCV에서 오브젝트를 인식하는 대표적인 방법 중의 하나는 Haarcascade 라이브러리 모
듈을 사용하는 방법입니다. Haarcascade 라이브러리를 사용하여 인식할 수 있는 오브젝트
는 사람의 얼굴의 특징 , 얼굴 안의 눈, 동물 얼굴, 사람의 몸 각 부분들, 컬러 및 차량을 포
함하며, 흑백 현상 사진 현상에서 얻을 수 있는 이미지들로부터 각 특징들을 구분할 수 있도
록 되어있습니다. 주의할 점은 해당 경로를 잘 확인하고 적어야 동작됩니다.

3. 키보드로 드론 조종하기

조종기가 아닌 키보드의 키를 통해 드론을 조종하는 방법을 알아보겠습니다.

import keyboard를 이용하면 키보드의 입력기능을 사용할 수 있습니다. 숫자 1, 0으로 이착륙제어를 W, S 키를 드론의 Throttle을 상하를 조절하고 키보드의 방향키 ▲▼◀▶를 이용하여 드론의 전, 후, 좌, 우를 제어하도록 하겠습니다.

에디터 창에 프로그램을 작성합니다.

```
● *untitled*                                        —    □    ×
File  Edit  Format  Run  Options  Window  Help

from time import sleep
from e_drone.drone import *
from e_drone.protocol import *

import keyboard            ← 키보드 입력을 위한 keyboard 모듈 호출

drone = Drone()
drone.open()

while(True):
        if keyboard.is_pressed("1"):
            print("TakeOff")                     ← 이륙
            drone.sendTakeOff()
            sleep(0.01)
            drone.sendControlWhile(0, 0, 0, 0, 4000)
        elif keyboard.is_pressed("0"):           ← 착륙
            print("Landing")
            drone.sendLanding()
            sleep(0.01)
        elif keyboard.is_pressed("W"):           ← 상승
            print("Up")
            drone.sendControl(0, 0, 0, 50)
        elif keyboard.is_pressed("S"):           ← 하강
            print("Down")
            drone.sendControl(0, 0, 0, -50)
```

Chapter 9

3. 키보드로 드론 조종하기

195

```
        elif keyboard.is_pressed("Up"):                    ←  ▲ :전진
            print("Forward")
            drone.sendControl(0, 50, 0, 0)
        elif keyboard.is_pressed("Down"):                   ←  ▼: 후진
            print("Backward")
            drone.sendControl(0, -50, 0, 0)
        elif keyboard.is_pressed("Left"):                   ←  ▶: 우이동
            print("Left")
            drone.sendControl(-50, 0, 0, 0)
        elif keyboard.is_pressed("Right"):                  ←  ◀: 좌이동
            print("Right")
            drone.sendControl(50, 0, 0, 0)
        elif keyboard.is_pressed("Space"):                  ←  비상착륙
            print("Space")
            drone.sendControl(0, 0, 0, 0)
```

4. 손짓으로 드론 제어하기

얼굴인식과 몸짓인식을 통해 드론을 움직이는 예제입니다.

얼굴인식과 키보드로 드론을 조종하는 예제를 포함하여 얼굴을 인식하면 드론이 이륙하고 드론을 원하는 위치에 놓기 위해 키보드로 드론을 제어합니다.

실행을 하면 처음에 빨간 네모가 나타납니다. 그 안에 얼굴을 위치하면 드론이 이륙하고 사람의 몸통가운데가 기본적으로 인식되며, 두 팔의 날개짓을 하면 그 모션을 원으로 표시되게 됩니다. 양쪽 손을 위, 아래로 움직이면 드론이 위로 올라가며, 오른손만 위, 아래로 움직이면 왼쪽으로, 왼손만 움직이면 오른쪽으로 드론이 날아가게 됩니다.

이상한 곳으로 가게 되면 키보드의 w, s 키와 방향키 ▲▼◀▶를 이용하여 드론을 원하는 곳으로 이동시키면 됩니다.

■ 프로그램 구동 정리

❶ 카메라를 켜고 빨간 네모 안에 얼굴을 인식하도록 대기

❷ 얼굴이 인식되면 드론이 이륙하면서 Start 메시지 생성

❸ 몸통 가운데를 기준으로 인식

❹ 양쪽 손의 모션움직임을 통해 드론 제어

■ 실습 코드

실습 코드는 크게 다음과 같이 10개 부분으로 되어있고, 각 해당 구문에 주석이 포함되어있습니다.

❶ 사용할 모듈을 가져오는 부분

```
*untitled*                                                    —    □    ×
File  Edit  Format  Run  Options  Window  Help

from e_drone.drone import *
from e_drone.protocol import *

import cv2
import keyboard

from time import sleep
```

❷ 얼굴을 인식하게 하는 haarcascades 기능사용

```
face_detector = cv2.CascadeClassifier()
face_detector.load(r'C:\opencv\sources\data\haarcascades\haarcascade_frontalface_default.xml')
```

face_cascade = cv2.CascadeClassifier()
OpenCV의 인식모듈을 사용하기위해 사용해야하는 라이브러리

face_cascade.load(r'C:\OpenCV\sources\data\haarcascades\haarcascade_frontalface_default.xml')
OpenCV 설치 후 해당 xml의 경로를 자신의 컴퓨터에 맞도록 설정해야합니다.

로컬 디스크 (C:) › opencv › sources › data ›

∧   이름

    haarcascades
    haarcascades_cuda
    hogcascades
    lbpcascades
    vec_files
    CMakeLists
    readme

❸ 영상의 특정 위치에 4각형을 만들고 그 안에서 얼굴이 인식되는지 확인하는 face 함수

```
def face(image, window, ROI, W, H):
    roi = image[H - ROI :H + ROI, W - ROI:W + ROI]
    faces = face_detector.detectMultiScale(roi, 1.3, 5, 10)

    if(len(faces) == 0): return False
    else: return True
```

def face(image, window, ROI, W, H):
관심영역 : Region Of Interesting (ROI))

roi = image[H - ROI: H + ROI, W - ROI: W + ROI]
이미지를 원하는 위치의 크기로 잘라냅니다.

 roi = image[H1:H2, W1:W2]
  H1 좌표부터 H2 좌표의 높이까지, W1 좌표부터 W2 좌표까지의 폭을 잘라냅니다.

잘라낼 높이 좌표 : H − ROI부터 H + ROI 값만큼의 높이(H를 기준으로 ROI 값만큼의 범위)
잘라낼 폭의 좌표 : W − ROI부터 W + ROI 값만큼의 폭(W를 기준으로 ROI 값만큼의 범위)

faces = face_detector.detectMultiScale(roi, 1.3, 5, 10)
얼굴을 인식합니다.

if(len(faces) == 0): return False
인식된 얼굴이 없다면 False를 반환합니다.

else: return True
인식된 얼굴이 있다면 True를 반환합니다.

❹ 화면에 표시되는 도형의 색상과 표시할 글씨 폰트 크기 변수 값 설정

```
point_color = (0,0,255)                        ← (B, G, R) 빨간색으로 색상 설정
font_big = 0.5                                  ← 폰트 크기
simple_color = (255,255,255)                    ← (B, G, R) 흰색으로 색상 설정
font_small = 0.5                                ← 폰트 크기

def putTextonFrame(frame, differ_ = 0, sum_ = 0, THRE_DIFFER = 0, THRE_SUM = 0):
    font = cv2.FONT_HERSHEY_DUPLEX              ← 사용할 폰트 선택
    h,w = frame.shape                           ← 이미지의 높이와 폭의 좌표를 가져옴
    w = int(w/15)                               ← 폭의 길이를 기준으로 15로 나눔
    cv2.rectangle(frame, (0,0), (150, 2 * w + 20), (0,0,0), -1)

    differ_ = abs(differ_)
    if(THRE_SUM < sum_ and THRE_DIFFER < differ_):
        color_ = point_color
        font_size = font_big
    else:
        color_ = simple_color
        font_size = font_small

    if(THRE_DIFFER < 1): THRE_DIFFER = 1
    cv2.putText(frame, "DIFFER : "  + "{:3d}".format(int(differ_/THRE_DIFFER * 100),2) + "%",
(0, 1*w), font, font_size, color_, 1, cv2.LINE_AA)
    if(THRE_SUM < sum_):
        color_ = point_color
        font_size = font_big
    else:
        color_ = simple_color
        font_size = font_small

    cv2.putText(frame, "POWER : " + "{:3d}".format(int(sum_/THRE_SUM * 100)) + "%", (0, 2*w),
font , font_size, color_, 1, cv2.LINE_AA)
```

def putTextonFrame(frame, differ_ = 0, sum_ = 0, THRE_DIFFER = 0, THRE_SUM = 0):
특정 위치에 4각형을 만들고 변환된 이미지의 수치들을 표시하는 함수

```
cv2.rectangle(frame, (0,0), (150, 2 * w + 20), (0,0,0), -1)
```

 cv2.rectangle(img, start, end, color, thickness)
  img - 그림을 그릴 이미지(ex: (frame))
  start - 시작 좌표(ex: (0,0))
  end - 종료 좌표(ex: (150, 2 * w + 20))
  color - BGR형태의 Color(ex: 0,0,0) -> black)
  thickness (int) - 선의 두께. pixel (-1 이면 안쪽을 채움)

```
differ_ = abs(differ_)
```
왼쪽과 오른쪽의 이미지 차이를 절대 값으로 나타냅니다.

```
if(THRE_DIFFER < 1): THRE_DIFFER = 1
```
DIFFER 파라미터 값을 화면에 표시합니다. (이전 프레임에서 변화된 좌우 이미지의 차이)

```
cv2.putText(frame, "DIFFER : "  + ":3d".format(int(differ_/THRE_DIFFER * 100),2)
+ "%", (0, 1*w), font, font_size, color_, 1, cv2.LINE_AA)
```

 cv2.putText(img, text, org, font, fontSacle, color, thickness, lineType)
  img - image (ex: (frame))
  text - 표시할 문자열 (ex: ("DIFFER : " + ":3d".format(int(differ_/THRE_DIFFER * 100),2) + "%"))
  org - 문자열이 표시될 위치. 문자열의 좌측 하단 (ex: (0, 1*w))
  font - 폰트 타입 CV2.FONT_XXX
  fontSacle - 폰트 크기
  color - 폰트 색상
  thickness - 폰트 두께 (ex: (1))
  lineType - 선 종류 (default cv.Line_8) (ex: (cv2.LINE_AA))

```
if(THRE_SUM < sum_):
```
변화된 좌우이미지의 합이 변화량이 설정된 크기보다 크다면 폰트를 변화하여 표시합니다.

```
cv2.putText(frame, "POWER : " + ":3d".format(int(sum_/THRE_SUM * 100)) + "%", (0,
2*w), font , font_size, color_, 1, cv2.LINE_AA)
```
POWER 파라미터 값을 화면에 표시합니다. (이전 프레임에서 변화된 좌우이미지의 합)

PYTHON & DRONE

❺ 드론의 움직임에 관련한 모든 변수값 설정

```
class FlappyBird:
    def __init__(self):
        self.ROI = 100
        self.resize_num = 0.3                                         고정 파라미터
        self.DIFFER_PERCENT = 0.7
        self.MOVE = 3000

        self.PITCH = 0          ← 앞뒤 이동할 때의 값
        self.ROLL = 30          ← 좌우 이동할 때의 값              드론 모터
        self.THRO_UP = 80       ← 상승 시킬 때의 값               (이 값이 실제
        self.THRO_DOWN = -30    ← 하강시킬 때의 값                드론에 전달)
        self.LOW_THRO_UP = 20   ← 고도를 보정해주는 상승 값

        self.cap = cv2.VideoCapture(0)
        self.frame_name = "frame"

        self.quit = 0           ← 종료 상태 표시

        self.now_roll = 0       ← roll에 입력된 값을 저장하기 위한 변수
        self.now_pitch = 0      ← pitch에 입력된 값을 저장하기 위한 변수      드론의 현재
        self.now_yaw = 0        ← yaw 에 입력된 값을 저장하기 위한 변수       움직임 명령 상태
        self.now_throttle = 0   ← hrottle에 입력된 값을 저장하기 위한 변수

        self.frame_cnt = 0      ← 일정 프레임마다 이미지처리를 하도록
                                  현재 프레임을 세는 변수                    프레임 측정과 좌우
        self.right_area = 0     ← 화면에서 나누어진 우측영역                 변화 상태를 기록
        self.left_area = 0      ← 화면에서 나누어진 좌측영역
```

self.ROI = 100
잘라낼 이미지의 관심영역 크기 변수

self.resize_num = 0.3
이미지 처리를 위해 이미지를 축소할 때 사용할 비율

self.DIFFER_PERCENT = 0.7
변화된 이미지의 좌우 차이의 기준 값을 만들어내기 위한 변수

self.MOVE = 3000
변화된 이미지의 좌우 합의 기준 값을 확인하기 위한 변수

❻ 실제 정해진 사각형안에 얼굴을 인식하는 함수부분

```
    def face_detect(self, frame):
        h, w = frame.shape                    ← 이미지의 높이와 폭의 좌표를 가져옴
        w_half = int(w / 2)                   ← 320 : 폭을 기준으로 하여 절반으로 줄인 값을 저장
        h_half = int(h / 2)                   ← 240 : 높이를 기준으로 하여 절반으로 줄인 값을 저장
        h_quar = int(h / 4)                   ← 120 : 높이를 기준으로 하여 1/4로 줄인 값을 저장
        font = cv2.FONT_HERSHEY_DUPLEX        ← 사용할 폰트를 저장

        if (h_quar < self.ROI or w_half < self.ROI): print("ROI IS TOO BIG!")

# 얼굴이 인식되지 않을 동안 반복대기하는 부분
        while (not face(frame, self.frame_name, self.ROI, w_half, h_quar)):
            cv2.rectangle(frame, (w_half - self.ROI, h_quar - self.ROI), (w_half + self.ROI,
h_quar + self.ROI), (100, 100, 200), 8)       ← 화면에 이미지를 표시
            cv2.imshow(self.frame_name, frame)        ← 키보드 입력 확인(1ms 대기)
            cv2.waitKey(1)                            ← 카메라에서 화면을 가져옴
            ret, frame = self.cap.read()              ← 가져온 화면을 반전
            frame = cv2.flip(frame, 1)

# 얼굴이 인식된 후 화면에 사각형을 그리고 Start라는 문구를 표시하는 부분
        cv2.rectangle(frame, (int(w_half - w_half/2), int(h_half - w_half/2)), (int(w_half +
w_half/2), int(h_half + w_half/2)), (150, 150, 150), 10)
        cv2.putText(frame, "START", (w_half - 135, h_half + 20) , font , 3, (255, 255, 255), 3)

        cv2.imshow(self.frame_name, frame)
        cv2.waitKey(1)
```

if (h_quar < self.ROI or w_half < self.ROI): print("ROI IS TOO BIG!")

설정된 관심영역이 너무 크게 되어있는 경우에 메시지 출력합니다. (self.ROI = 100 이므로, 높이와 너비는 100보다 작으면 안 됨)

while (not face(frame, self.frame_name, self.ROI, w_half, h_quar)):

face 함수를 사용하여 얼굴이 인식되었는지 확인합니다. (감지가 되지 않았다면 감지가 될 때까지 반복하고 감지가 되면 while 반복문을 빠져나갑니다.)

cv2.rectangle(frame, (w_half - self.ROI, h_quar - self.ROI), (w_half + self.ROI, h_quar + self.ROI), (100, 100, 200), 8)

self.ROI 만큼의 사각형을 그립니다.

Chapter 9

4. 손짓으로 드론 제어하기

203

cv2.rectangle(img, start, end, color, thickness)
img – 그림을 그릴 이미지(ex: (frame))
start – 시작 좌표(ex: (w_half – self.ROI, h_quar – self.ROI))
end – 종료 좌표(ex: (w_half + self.ROI, h_quar + self.ROI))
color – BGR형태의 Color(ex: 100, 100, 200))
thickness (int) – 선의 두께. pixel (ex: 8)

```
cv2.rectangle(frame, (int(w_half - w_half/2), int(h_half - w_half/2)), (int(w_
half + w_half/2), int(h_half + w_half/2)), (150, 150, 150), 10)
```
화면에 사각형을 그립니다.(w_half 와 h_half 값에 계산식을 넣어서 원하는 크기의 사각형을 만듭니다.)

```
cv2.putText(frame, "START ", (w_half - 135, h_half + 20) , font , 3, (255, 255,
255), 3)
```
중앙을 기준으로 (– 135, + 20) 위치에 "START" 글씨를 표시합니다.

❼ 이전 프레임과 비교하여 변경된 좌우 차이 값을 반환합니다.

```
def divide_screen(self, frame, pre_frame):

    frame = cv2.resize(frame, None, fx=self.resize_num, fy=self.resize_num)
    now_frame = cv2.cvtColor(frame, cv2.COLOR_BGR2GRAY)
    frame = cv2.absdiff(pre_frame, now_frame)
    frame = cv2.threshold(frame, 40, 255, cv2.THRESH_BINARY)[1]
    h, w = frame.shape
    right_frame = frame[:, int(w * 0.55):]
    left_frame = frame[:, 0:int(w * 0.45)]
    right_num = cv2.countNonZero(right_frame)
    left_num = cv2.countNonZero(left_frame)
    ee1 = cv2.getTickCount()

    return now_frame, right_num, left_num
```

```
frame = cv2.resize(frame, None, fx=self.resize_num, fy=self.resize_num)
```
이미지의 사이즈를 변경합니다.(resize_num 변수의 비율만큼)

```
now_frame = cv2.cvtColor(frame, cv2.COLOR_BGR2GRAY)
```
이미지의 색상을 흑백으로 변경합니다.

```
frame = cv2.absdiff(pre_frame, now_frame)
```
두 프레임 사이의 다른 부분 절댓값 계산합니다.

```
frame = cv2.threshold(frame, 40, 255, cv2.THRESH_BINARY)[1]
```
임계 값을 설정하여 설정한 값 이상인 부분은 검은색(255)으로 표시 합니다.

```
h, w = frame.shape
```
이미지의 x와 y 좌표를 가져옵니다.

```
right_frame = frame[:, int(w * 0.55):]
```
이미지의 오른쪽만을 잘라옵니다.

```
left_frame = frame[:, 0:int(w * 0.45)]
```
이미지의 왼쪽만 잘라옵니다.

```
right_num = cv2.countNonZero(right_frame)
```
오른쪽 이미지 픽셀에서 0이 아닌 값을 가져옵니다. (오른쪽 변경된 값의 수치)

```
left_num = cv2.countNonZero(left_frame)
```
왼쪽 이미지 픽셀에서 0이 아닌 값을 가져옵니다.

```
ee1 = cv2.getTickCount()
```
디버깅을 위한 시간 측정 합니다.

```
return now_frame, right_num, left_num
```
흑백으로 변경된 현재 이미지와 오른쪽과 왼쪽 오른쪽의 변경된 이미지 값을 반환 합니다.

❽ 현재 감지된 상태와 사용된 변수들을 화면에 출력합니다.

```python
    def draw_for_debug(self, frame, sum, differ):

        frame = cv2.flip(frame, 1)        ← 이미지 좌우반전
        h, w = frame.shape                ← 이미지의 x와 y 좌표를 가져옴

        # right
        if (self.now_roll < 0):
            cv2.circle(frame, (int(w/2 - 240) , int(h/2)), 60, (200, 100, 100), 5)

        # left
        elif (self.now_roll > 0):
            cv2.circle(frame, (int(w/2 + 240) , int(h/2)), 60, (200, 100, 100), 5)

        # up
        elif (self.now_throttle > self.LOW_THRO_UP):
            cv2.circle(frame, (int(w/2 - 240) , int(h/2)), 60, (200, 100, 100), 5)
            cv2.circle(frame, (int(w/2 + 240) , int(h/2)), 60, (200, 100, 100), 5)

        # down
        elif (self.now_throttle == self.THRO_DOWN):
            cv2.circle(frame, (int(w/2) , int(h/2 + 160)), 60, (200, 100, 100), 5)

        # 화면에 측정값과 상태를 표시합니다.
        putTextonFrame(frame=frame, differ_=differ, sum_=sum,
                        THRE_DIFFER=self.DIFFER_PERCENT * sum,
                        THRE_SUM=self.MOVE)
        return frame
```

if (self.now_roll < 0):

드론에게 오른쪽으로 이동 명령을 내렸다면 실행

 cv2.rectangle(frame, (w - 10, 0), (w-1, h), (200, 200, 200), 5)
cv2.circle(frame, (int(w/2 - 240) , int(h/2)), 60, (200, 100, 100), 5)
화면에 명령에 해당하는 도형을 표시합니다.

```
elif (self.now_roll > 0):
```
드론에게 왼쪽으로 이동 명령을 내렸다면 실행합니다

```
cv2.rectangle(frame, (1, 0), (10, h), (200, 200, 200), 5)
cv2.circle(frame, (int(w/2 + 240) , int(h/2)), 60, (200, 100, 100), 5)
```
화면에 명령에 해당하는 도형을 표시합니다.

```
elif (self.now_throttle > self.LOW_THRO_UP):
```
드론에게 상승 명령을 내렸다면 실행합니다.

```
cv2.rectangle(frame, (0, 1), (w, 10), (200, 200, 200), 5)
cv2.circle(frame, (int(w/2 – 240) , int(h/2)), 60, (200, 100, 100), 5)
cv2.circle(frame, (int(w/2 + 240) , int(h/2)), 60, (200, 100, 100), 5)
```
화면에 명령에 해당하는 도형을 표시합니다.

```
elif (self.now_throttle == self.THRO_DOWN):
```
드론에게 하강명령을 내렸다면 실행

```
cv2.rectangle(frame, (0, w – 10), (w–1, h), (200, 200, 200), 5)
cv2.circle(frame, (int(w/2) , int(h/2 + 160)), 60, (200, 100, 100), 5)
```
화면에 명령에 해당하는 도형을 표시합니다.

```
putTextonFrame(frame=frame, differ_=differ, sum_=sum,
                  THRE_DIFFER=self.DIFFER_PERCENT * sum,
                  THRE_SUM=self.MOVE)
```
putTextonFrame()함수를 실행하여 화면에 변화된 좌우 차이 값과 합을 표시합니다.

❾ 실제 메인 구동 함수 : 얼굴을 인식하고 드론이 이륙하면 카메라영상의 모션을
인식하여 드론을 제어하는 루틴

```
def run(self, port_name=None, drone_name=None):

    face_detection = 1

    while (self.quit is 0):
        e1 = cv2.getTickCount()

        drone = Drone()                                    드론의 통신 포트를 열기
        drone.open()

        if (self.cap.isOpened()):                    ← 정상적으로 video 동작
            ret, frame = self.cap.read()             ← 카메라 화면 가져오기
            frame = cv2.flip(frame, 1)               ← 이미지의 좌우 반전
            pre_frame = cv2.resize(frame, None, fx=self.resize_num, fy=self.resize_num)
            pre_frame = cv2.cvtColor(pre_frame, cv2.COLOR_BGR2GRAY)

        else:                                        ← 정상적으로 video 동작하지 않을 때
            print("video is not opened!")
```

face_detection = 1
시작시 얼굴 인식을 사용할지 설정하는 변수로 1로 설정하면 얼굴이 인식되어야만 드론 조종이 작동하며, 0
으로 설정하면 얼굴을 인식하지 않아도 바로 조종이 가능합니다.

while (self.quit is 0):
종료 변수 값이 0이 아니라면 반복 합니다.

e1 = cv2.getTickCount()
일정한 간격으로 작동하도록 현재 시간을 측정 합니다.

pre_frame = cv2.resize(frame, None, fx=self.resize_num, fy=self.resize_num)
resize_num 변수의 비율만큼 이미지의 사이즈를 변경 합니다.

pre_frame = cv2.cvtColor(pre_frame, cv2.COLOR_BGR2GRAY)
이미지 처리와 비교를 쉽게 하기 위해 이미지의 색상을 흑백으로 변경 합니다

```
# 화면에 보일 창 설정
cv2.namedWindow(self.frame_name, cv2.WND_PROP_FULLSCREEN)
cv2.setWindowProperty(self.frame_name, cv2.WND_PROP_VISIBLE, cv2.WINDOW_FULLSCREEN)
cv2.imshow(self.frame_name, frame)
cv2.waitKey(1)
print("Start with face detection!")

if (face_detection == 1):   ← 변수 값이 1이라면 얼굴을 인식해야만 드론이 작동
    self.face_detect(frame)

drone.sendTakeOff()
sleep(0.1)
drone.sendTakeOff()
sleep(0.1)
drone.sendTakeOff()                          얼굴이 인식되면 자동으로
sleep(0.1)                                   드론 이륙 명령
drone.sendControlWhile(0, 0, 0, 0, 4000)

print("Control!!")

while (self.cap.isOpened() and self.quit is 0):
    ret, frame = self.cap.read()
    self.frame_cnt += 1
    pre_frame, r, l = self.divide_screen(frame, pre_frame)
    self.right_area += r
    self.left_area += l
```

while (self.cap.isOpened() and self.quit is 0):
카메라가 켜있고, 종료 변수 값이 0이 아니라면 반복 합니다.

ret, frame = self.cap.read()
카메라 화면 가져옵니다.

self.frame_cnt += 1
프레임 변수 를 증가합니다.

pre_frame, r, l = self.divide_screen(frame, pre_frame)
흑백으로 변환된 현재이미지와 오른쪽과 왼쪽의 변화한 이미지 값을 가져옵니다.

Chapter 9

4. 숫자으로 드론 제어하기

209

self.right_area += r

오른쪽 화면의 변화 값 변수(self.right_area)에 측정된 r을 더합니다.

self.left_area += l

왼쪽 화면의 변화 값 변수(self.right_area)에 측정된 l을 더합니다.

```python
if (self.frame_cnt == 4):
    sum = self.right_area + self.left_area
    differ = self.left_area - self.right_area

    self.frame_cnt, self.right_area, self.left_area = 0, 0, 0

    roll_flag = 1
    DIFFER_THRESH = self.DIFFER_PERCENT * sum

    if (roll_flag and differ > DIFFER_THRESH and sum > self.MOVE / 2):
        print("right")
        self.now_roll = self.ROLL                        왼쪽 손의 움직임만 커지면
        self.now_pitch = 0                               드론은 오른쪽으로 이동
        self.now_yaw = 0
        self.now_throttle = self.LOW_THRO_UP

    elif (roll_flag and differ < -DIFFER_THRESH and sum > self.MOVE / 2):
        print("left")
        self.now_roll = -self.ROLL                       오른쪽 손의 움직임만 커지면
        self.now_pitch = 0                               드론은 왼쪽으로 이동
        self.now_yaw = 0
        self.now_throttle = self.LOW_THRO_UP

    elif (sum > self.MOVE):
        print("up")
        self.now_roll = 0                                양손의 움직임이 커지면
        self.now_pitch = self.PITCH                      드론을 상승
        self.now_yaw = 0
        self.now_throttle = self.THRO_UP

    else:
        print("down")
        self.now_roll = 0                                양손의 움직임이 없으면
        self.now_pitch = 0                               드론을 하강
        self.now_yaw = 0
        self.now_throttle = self.THRO_DOWN
    drone.sendControl(self.now_roll, self.now_pitch, self.now_yaw, self.now_throttle)
    print(self.now_roll, self.now_pitch, self.now_yaw, self.now_throttle)
```

```
if (self.frame_cnt == 4):
```
5프레임이 될 때마다 명령을 보냅니다.

```
sum = self.right_area + self.left_area
```
합 값에 왼쪽과 오른쪽의 화면 변화 값을 더하여 입력합니다.

```
differ = self.left_area - self.right_area
```
차이 값에 왼쪽에서 오른쪽의 화면 변화 값을 빼서 입력합니다.

```
self.frame_cnt, self.right_area, self.left_area = 0, 0, 0
```
프레임을 초기화합니다.

```
roll_flag = 1
```
좌우 이동을 사용할지 설정하는 변수입니다.

```
DIFFER_THRESH = self.DIFFER_PERCENT * sum
```
합 값에 self.DIFFER_PERCENT 만큼을 곱하여 차이의 기준 값으로 사용합니다.

```
if (roll_flag and differ > DIFFER_THRESH and sum > self.MOVE / 2):
```
왼쪽 손의 움직임만 커지면 드론은 오른쪽으로 이동합니다.
움직임의 차이 값이 기준 값보다 크면 왼쪽의 감지 값이 더 큰 걸로 인식합니다.
움직임의 합 값이 설정된 elf.MOVE 값의 절반 이상보다 크다면 작동합니다.

```
elif (roll_flag and differ < -DIFFER_THRESH and sum > self.MOVE / 2):
```
오른쪽 손의 움직임만 커지면 드론은 왼쪽으로 이동합니다.
움직임의 차이 값이 기준 값보다 작다면 오른쪽의 감지 값이 더 큰 걸로 인식합니다.
움직임의 합 값이 설정된 elf.MOVE 값의 절반 이상보다 크다면 작동합니다.

```
elif (sum > self.MOVE):
```
움직임의 전체 합(양 손) 값이 self.MOVE에 설정한 값보다 크다면 실행합니다.

```
else:
```
양손의 움직임이 없으면 드론은 하강합니다.

```
# 시간을 측정하고 프레임을 계산

            e2 = cv2.getTickCount()
            timePassed = (e2 - e1) / cv2.getTickFrequency()
            e1 = e2
            fps = 1 / timePassed
            print("fps : ", format(fps,".2f"))

            frame = self.draw_for_debug(frame, sum, differ)

            cv2.imshow(self.frame_name, frame)
            cv2.waitKey(1)

        if cv2.waitKey(1) & 0xFF == ord("q"):
            drone.sendStop()
            self.quit = 1
            break
```

"q"를 누르면 드론과 동작이 멈춤

❿ 이상한 곳으로 날아가는 것을 방지하기 위한 드론 키보드 제어 부분

```python
        if keyboard.is_pressed("1"):
            print("TakeOff")
            drone.sendTakeOff()
            sleep(0.01)
            drone.sendControlWhile(0, 0, 0, 0, 4000)
        elif keyboard.is_pressed("0"):
            print("Landing")
            drone.sendLanding()
            sleep(0.01)
        elif keyboard.is_pressed("W"):
            print("Up")
            drone.sendControl(0, 0, 0, 50)
        elif keyboard.is_pressed("S"):
            print("Down")
            drone.sendControl(0, 0, 0, -50)
        elif keyboard.is_pressed("Up"):
            print("Forward")
            drone.sendControl(0, 50, 0, 0)
        elif keyboard.is_pressed("Down"):
            print("Backward")
            drone.sendControl(0, -50, 0, 0)
        elif keyboard.is_pressed("Left"):
            print("Left")
            drone.sendControl(-50, 0, 0, 0)
        elif keyboard.is_pressed("Right"):
            print("Right")
            drone.sendControl(50, 0, 0, 0)
        elif keyboard.is_pressed("Space"):
            print("Space")
            drone.sendControl(0, 0, 0, 0)

    self.cap.release()
    drone.close()

if __name__ == "__main__":      ← 메인함수인 run()을 실행
    FlappyBird().run()
```

긴 프로그램이지만, 실제 이 프로그램을 통해 OpenCV의 파이썬 활용 및 응용, 그리고 드론의 연동 제어를 할 수 있는 융합 예제이므로 하나하나 잘 이해하여 실습해보십시오.

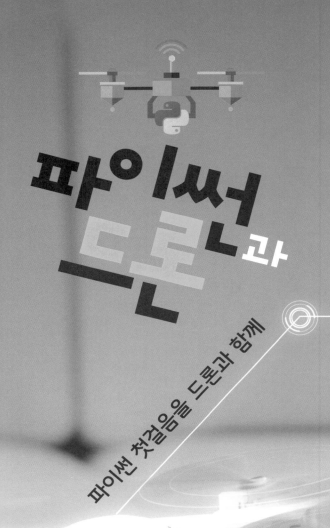

파이썬과

드론

파이썬 첫걸음을 드론과 함께

Chapter **10**

부록

DRONE

1. 파이썬 드론 미션

■ 드론 목표지점 착륙 (드론 컬링)

첫 번째는 자율로 정확히 드론을 목표지점에 착륙시키는 미션이며, 드론 컬링이라고도 부릅니다.

이 미션은 이륙 – 호버링 – 전진 – 착륙을 활용하면 되고 이동 미션은 조종기를 이용하여 trim을 맞춰놓은 상태에서 해야 합니다.

미션에서 가장 중요한 것은 드론의 speed, battery, 그리고 비행 명령의 파라미터값입니다. 이륙 후 잠깐 멈추는 Hovering 구간에서는 적절한 시간 동안 멈추고, 이동구간에서는 드론의 상태와 알맞게 Pitch 값과 지속시간으로 이동 거리를 예측합니다.

전진 ┐   지속시간 ┐

def sendControlWhile(0, 50, 0, 0, 2000):

직진하는 전후로 잠시 공중에서 멈추는 구간은 드론에서 매우 중요한 구간입니다. 드론이 이동 후 공중에서 안정적으로 수평을 이루는 구간이므로 동작과 동작 사이에 넣어야 합니다.

```
● 착륙미션.py                                                    —    □    ×
File  Edit  Format  Run  Options  Window  Help

from time import sleep
from e_drone.drone import *
from e_drone.protocol import *

def eventTrim(trim):
    print("{0}, {1}, {2}, {3}".format(trim.roll, trim.pitch, trim.yaw, trim.throttle))

if __name__ == '__main__':

    drone = Drone()
    drone.open("com3")

    print("TakeOff")
    drone.sendTakeOff()
    sleep(0.01)

    print("Hovering")
    drone.sendControlWhile(0, 0, 0, 0, 5000)

    print("Go Start")
    drone.sendControlWhile( 0, 50, 0, 0, 2000)

    print("Go Stop")
    drone.sendControlWhile(0, 0, 0, 0, 1000)

    print("Landing")
    drone.sendLanding()
    sleep(0.01)
    drone.sendLanding()
    sleep(0.01)

    drone.close()
```

10
8
6
0
장외 0

출발선에서 약 1m~2m 거리에 목표 착륙지점을 만들고 가장 한가운데에 가까이 착륙하면 높은 점수를 얻을 수 있도록 합니다.

1~2m

PYTHON & DRONE

■ 장애물 미션 착륙 (복합 미션)

첫 번째 미션이였던 목표지점 착륙과 장애물 통과 미션이 합쳐진 복합미션 입니다. 추가된 장애물 통과 미션은 장애물의 통과 미션지역의 높이를 예측하여 통과해야 합니다.

드론이 한쪽으로 흘러가거나 정확히 장애물 사이를 통과하지 못하면 안 되는 미션이기 때문에 상황에 따라서는 roll (좌우), throttle (위아래) 값을 조금씩 넣어야 합니다.

환경에 따라 바람이나 기압부분이 작용할 수 있으므로 trim으로만 해서 안될 때 드론의 특성에 맞게 알맞은 명령 값을 줘야 합니다.

장애물 통과는 높이를 잘 맞춰야 하므로 좀 더 높이 이동하려면 throttle 값을 +로 낮게 이동하려면 – 값을 줘야 합니다.

상하┐ 지속시간┐
def sendControlWhile(0, 0, 0, 40, 1500):

드론이 전진 명령 전후로 공중에서 머무는 기간 동안 조금 왼쪽으로 밀린다면 약간의 roll + 값을 줘서 보정해주면 되고, 오른쪽으로 밀린다면 roll – 값을 줘서 보정해주면 됩니다.

좌우┐ 지속시간┐
def sendControlWhile(10, 0, 0, 0, 1000):

2. 드론 대회 미션

국내에서도 다양한 드론 대회가 열립니다. 드론 대회는 크게 코딩대회와 조종 대회로 나눌수 있습니다.

조종 대회는 얼마나 컨트롤러를 이용하여 정교하게 드론을 조종해서 빠르게 미션수행을 하는지를 결정하며, 드론 코딩대회는 컴퓨터로 드론에 직접 코딩해서 미션을 해결해야 합니다. 장애물 통과, 목적지 착륙, 방향 이동 등 컨트롤러로 조종하는 것이 아니라, 코딩으로 자율비행을 하는 것이 큰 특징입니다. 실제 간단해 보이지만 드론의 비행특성과 주위 환경을잘 파악해야 합니다.

미션을 해결할 수 있는 컴퓨팅 사고력과 사물을 제어하는 능력이 중요합니다. 드론의 자율비행 프로그램, 통신, 센서, 제어까지 다루는, IoT 기술 대회라 할 수 있습니다.

■ 조종 대회

코드론 미니는 조종과 코딩이 모두 가능한 드론으로 조종 대회 역시 연습을 하고 참가해볼수 있습니다. 가장 기본적인 드론 대회로 출발점에서 이륙하여 빠르게 장애물을 통과하여분기점을 돌고 목표지점으로 누가 빨리 돌아오는지를 결정합니다,

▌순차 미션

- 아래 순서에 따라 미션을 완료합니다.
- 경기장의 스타트 위치에서 드론을 이륙시킵니다.

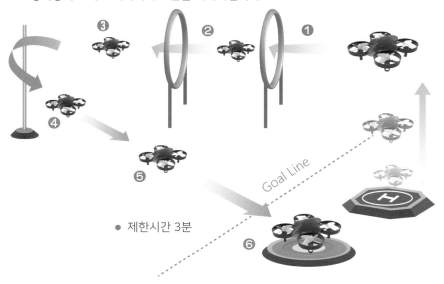

- 제한시간 3분

조종 대회는 리모컨을 통해 정밀하고 신속하게 제어하는 것이 관건이며, 무엇보다 종목 규정, 기체 규정, 배터리 규정 등 조종 대회 규정을 잘 살펴야 합니다. 가장 일반적인 조종 대회 미션을 살펴보도록 하겠습니다.

> ### 드론 조종 대회 규정 예시

▌목적 및 미션

○ 목적
  - 드론 택배, 농약 드론 등 다양한 드론 서비스 산업과 관련 드론에 대한 비행 원리와 제어능력을 통해 인재 양성
  - 드론을 통한 정교한 조종 제어를 통해 빠른 시간에 원하는 목적지까지 갈 수 있도록 실력 향상하기

○ 미션

- 출발점부터 다양한 장애물을 통과하여 목적지까지 빠른 시간에 도달할 수 있도록 코스에 맞춰 완주 및 착륙하는 미션

2 대회 개요

〈이착륙 미션〉

○ 심사방식: 장애물 통과점수 +
  - 동점자 발생 시 결정기준 규정 참조

○ 평가방식: 한 팀장 배정된 시간 총 3분(미션)
  - 본선 참가자의 미션은 추가로 현장에서 공지될 수 있다.
  - 개별적으로 분리된 코스를 주행한 성적을 합산하여 순위를 평가한다.
  - 각 팀당 2회의 기회가 주어지며 이 중 높은 점수로 평가한다.
  - 코스 이탈 및 로봇 정지시간이 30초 이상 지속되면 실격 처리한다.

○ 평가방식: 한 사람당 배정된 시간 총 3분(이착륙 미션)
  - 본선 참가자의 미션은 추가로 현장에서 공지될 수 있다.

○ 활용 드론: 조종 드론

3 대회 규정

〈미션〉 이착륙 주행

1) 선수는 출발선에 드론 배치

2) 조종 컨트롤러를 이용하여 지정된 코스로 장애물을 모두 통과

3) 착륙은 중심점에 가까울수록 높은 점수 획득

4 이착륙방식

〈점수 배점〉

1. 장애물 각 10점씩 총 60점 획득 가능(왕복 통과 점수)

2. 노랑 부분(30점), 노랑-빨강 경계(25점), 빨강 부분(20점), 빨강-파랑 경계(15점), 파랑 부분(10점), 파랑-장외 경계(5점)

3. H에 정확히 착륙 10점

4. 동점자인 경우 경기 시간이 많이 남아있는 사람이 가산점을 받는다.

5. 과녁판에 착륙 후 날개가 멈추지 않은 상태에서 다시 구동 시 과녁 점수 무효

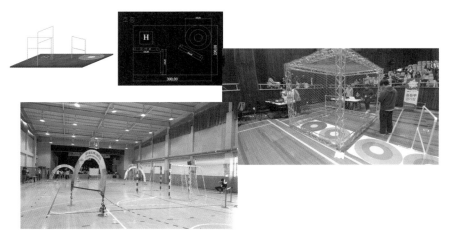

▲ 드론 조종 대회 모습

드론 코딩대회 규정 예시

코딩 종목은 파이썬이나 블록프로그램, c언어 등 프로그램 종류에 무관하게 자신이 원하는 언어로 드론을 자율제어하여 미션을 수행하는 대회입니다. 특히 큰 장소에서 해서 환경적인 요소가 매우 많이 영향을 미치므로 reset, trim 및 비행 중 보정 등 다양한 순발력을 발휘해야 합니다.

보통 다음과 같이 출발점에서 장애물을 통과하여 각도를 꺾어 목표지점으로 가서 착륙하는 미션이 가장 기본미션입니다.

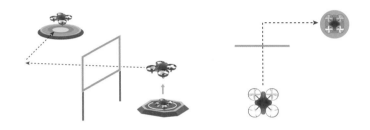

코딩대회 현장에서 미션을 수행하는 것도 중요하지만, 규정을 제대로 알고 준비해가는 것이 매우 중요합니다. 실제 점수에 관한 규정, 예측하지 못했던 상황에서 대비사항 등을 꼼꼼히 살피고 준비하는 사람들이 좋은 성과를 낼 수 있습니다.

드론 코딩 대회에서 꼭 알아야 할 요령을 알아보겠습니다.

1 대회 규정을 정확히 파악합니다.

1 목적 및 미션

○ 목적
 - 차세대 미래 산업인 드론 산업과 관련 지능형 자율비행기술을 활용하는 미래 로봇기술 인재 양성
 - 인간과 로봇이 함께 공존할 수 있는 미션을 통해 미래의 드론에 관련한 활용 가능성과 SW 코딩의 콘텐츠 확인

○ 미션
 - 코딩 비행 미션: 드론을 코딩 SW를 이용하여 자율로 코스에 맞도록 완주 및 미션 해결(활용한 프로그램 확인)

2 대회 개요

〈코딩 비행 미션〉

○ 심사방식: 자율 미션 점수＋코딩 평가 점수
 - 동점자 발생 시 결정기준 규정 참조

○ 평가방식: 한 팀장 배정된 시간 총 3분(미션)
 - 본선 참가자의 미션은 추가로 현장에서 공지될 수 있다.
 - 개별적으로 분리된 코스를 주행한 성적을 합산하여 순위를 평가한다.
 - 각 팀당 3회의 기회가 주어지며 높은 점수로 평가한다.
 - 코스 이탈 및 드론 정지시간이 30초 이상 지속되면 실격 처리한다.

○ 평가방식: 한 사람당 배정된 시간 총 3분(자율주행 미션)

○ 활용 드론: 코딩이 가능한 모든 드론

3 대회 규정

〈미션〉 드론 패턴(코딩) 주행

1) 선수는 출발선에 드론 배치

2) 코딩을 이용하여 중간 장애물을 통과하는 미션 수행(반드시 높이측정 필수)

3) 착륙은 중심점에 가까울수록 높은 점수 획득

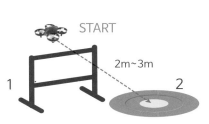

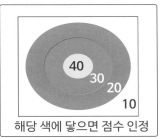

해당 색에 닿으면 점수 인정

구분	미션 1	미션 2	코딩점수	감점	시간·정확도 점수 (기준점에서 감점)	제한시간 3분
배점	50점	40점	10점	-1점씩		

* 동점 시에는 1차 코딩 점수 비교, 2차 도착한 시간 비교로 측정한다.

* 착륙 시 튕겨서 착륙하거나 뒤집히면 감점.

4 상세규정

1) 배터리
   - 리튬폴리머 배터리만 사용 가능하다.
   - 3.7V 500mAh 이하만 사용 가능하다.
   - 변형된 배터리는 사용 불가능하다.

2) 수행자 규정
   - 자율로 드론 구동이 가능한 다양한 방법을 가진 사람은 누구나 가능하다.

　　　- 운영 위원회와 주심과 부심이 참가 조건 미달 혹은 비행이 불가능하다고 판단한 사람
　　　　은 참가 불가.
　　　- 복장은 타 선수의 시야나 풍기 상 문제가 없어야 한다.

　3) 대회 규정
　　　- 종목별 심판은 주심과 부심으로 하며 주심과 부심은 대회 시작까지 공개하지 않는다.
　　　- 수행자는 대회 규정을 숙지해야 한다. 미숙지로 인한 불이익은 수행자의 책임으로 한
　　　　다.
　　　- 수행자와 참관인은 대회 출전하는 동안 대회 운영 위원회와 주심, 부심의 운영에 따
　　　　라야 한다.
　　　- 수행자는 대회 출전하는 동안 자신의 기체와 부품을 관리해야 한다. 관리 부족으로
　　　　인한 문제는 수행자의 책임으로 한다.
　　　- 경기 시작 전 자신의 기체를 부심에게 확인을 받아야 한다.
　　　- 수행자는 부심의 기체 확인 후 경기 시작부터 해당 경기 종료까지 배터리를 포함한
　　　　일체 변경이 불가능하다.
　　　- 경기 시작 후 비행이 가능하지 않거나 수행자가 포기 혹은 운영 위원회와 주심, 부심
　　　　에 의해 중단하지 않는 경우 경기는 종료 전까지 지속한다.
　　　- 대회 참가 수행자 이외의 보조 수행자는 인정하지 않으며, 경기 중 경기장 외부에서
　　　　기체 비행을 불허한다.
　　　- 경기 중 외부 영향에 의해 경기를 지속하기 어렵거나 중단된 경우 대회 운영 위원회
　　　　나 주심과 부심의 협의에 의해 재경기 혹은 승자를 정한다.
　　　- 경기에 대해 변경이 있을 때는 공지를 하여 모두 알 수 있도록 한다.
　　　- 규정 외의 사항은 대회 운영 위원회나 주심과 부심의 협의로 한다.
　　　- 대회장 및 대회 세부 규정은 대회 당일 확인한다.

2　드론 상태를 잘 점검합니다.

대회를 준비를 위해 연습을 많이 해야 합니다. 연습하다 보면 드론이 벽에 부딪히거나 땅에
떨어져 드론 상태가 매우 불안정하게 됩니다. 이 상태에서 바로 대회에 참가하면 드론이 원
하는 대로 움직이지 않아 대회에서 상당히 불리합니다.

항상 대회 전에 부품에 이상은 없는지 확인해야 합니다. 드론의 프로펠러, 모터, 배터리 등

의 상태를 확인합니다. 그리고 평평한 곳에서 센서를 초기화(리셋)해서 캘리브레이션합니다. 평평한 곳에서 sendClearBias() 명령을 사용하면 자이로와 가속도 센서가 트림이 초기화됩니다.

그 상태를 기준으로 드론의 균형을 잡습니다. 만약 기울어진 곳에서 센서를 초기화하면 드론이 비행할 때 드론이 기울어지기 때문에 원하는 대로 움직이지 않습니다. 그리고 드론이 안정적으로 5초 정도 호버링되는지 확인합니다. 호버링이 잘 되지 않으면 미세조정(Trim)을 해서 호버링이 되게 합니다.

3 드론의 방향 이동을 잘 바꿉니다.

드론을 움직일 때는 뉴턴의 제1법칙 '관성의 법칙'을 잘 알아야 합니다. 드론은 관성에 매우 민감합니다. 따라서 방향을 바꿀 때는 우선 정지하고 드론이 안정된 상태가 되게 하고 나서 다음 동작을 할 수 있도록 코딩해야 합니다. 드론이 안정되지 않은 상태에서 오른쪽과 같은 동작을 하면 드론은 원하지 않는 방향으로 갑니다.

앞으로 가다가 오른쪽으로 가려면 [피치] 값을 0으로 해서 멈춘 다음에 [롤] 값을 크게 해서 오른쪽으로 가도록 코딩합니다.

3. 반드시 알아야 할 항공 안전법

〈항공안전법〉은 국제민간항공기구(ICAO)에서 정한 법을 따릅니다. 우리나라는 2017년 3월에 개정한 〈항공안전법〉에 따라서, 드론을 초경량 비행 장치로 분류했습니다. 그리고 조종자 자격, 비행 가능 공역 등에 대한 내용을 상세하게 구분해서 이를 적용하고 있습니다. 항공법은 항공법 시행령(대통령령), 항공법 시행규칙(국토교통부령), 고시, 훈령 등의 하위 법으로 구성되어 있습니다.

법제처에서 운영하는 국가법령정보센터(www.law.go.kr)에서 더 자세한 내용을 알 수 있습니다. 그리고 법은 시대적 요구에 따라 바뀔 수 있기 때문에 지속적인 관심을 가지고 확인해야 합니다. 법제처 사이트에서 '항공안전법'을 검색하면 자세한 내용을 확인할 수 있습니다.

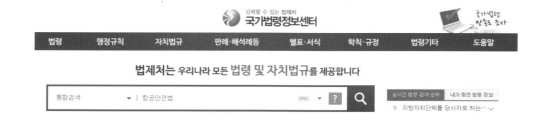

신고 관련

▶ 배터리를 포함한 드론의 무게가 12kg를 초과하면 국토교통부령에 따라 관할 지방항공청에 신고해야 합니다.

▶ 12kg 이하라도 영리를 목적으로 사업에 활용하려면 이를 반드시 신고해야 합니다.

▶ 드론의 소유권을 바꾸거나(이전) 없앨 때에도(말소) 신고해야 합니다.

▶ 드론의 무게가 12kg 이하인 비사업용일 경우 신고할 필요는 없습니다.

▶ 우리나라는 국가 안보와 주민의 안전, 주요 시설물 보호를 위해 비행을 제한·금지하는 장소를 지정합니다. 따라서 드론 비행을 위해서는 사전 허가를 받아야 합니다.

▶ 휴전선 인근이나 청와대 상공, 공항 반경 9.3km 이내, 절대고도 150m 이상, 원전 주변 등은 모든 드론의 비행을 금지하는 구역입니다.

▶ 비행 목적이 촬영이라면 비행 장치의 중량이나 크기와 관계없이 항공촬영 허가를 받아야 하며, 카메라가 부착된 드론을 사용할 때는 반드시 국방부에 신고해야 합니다.

▶ 일몰 후부터 일출 전까지 야간 비행은 원칙적으로 금지되지만, 특례법에 의해 승인을 받으면 비행할 수 있습니다. 하지만 조종자가 육안으로 비행 장치를 직접 볼 수 없을 때에는 비행을 금지합니다.

▶ 음주 비행은 할 수 없고, 드론에서 물건을 떨어트리는 행위도 금지됩니다.

▶ 인구가 밀집되어 있거나 사람이 많이 모인 장소의 상공에서 인명 또는 재산에 위험을 초래할 우려가 있는 방법으로 비행하는 것은 금지됩니다.

▶ 비행금지구역이 아니라 일반구역이라도 사람이 많이 모여 있는 콘서트장 등에서는 드론을 비행하면 안 됩니다.

드론을 아무 곳에서나 비행할 수 없습니다. 원칙적으로 비행을 할 수 없는 '비행금지구역', 비행이 제한적으로 허용되는 '비행제한구역', 사전신고 없이 비행이 가능한 지역이 있습니다. 항공안전법에 따라, 법을 잘 지키지 않으면 벌금을 내야할 수 있습니다. 그래서 드론을 날릴 수 있는 지역인지 확인해야 합니다. 첫째는 모바일 어플리케이션으로 한국드론협회가 제작한 'Ready to Fly'이 있습니다. 위치 기반 정보를 활용해 현재 위치가 비행 금지 구역인지 알려줍니다.

Ready to fly - 드론,drone,비행금지

BluezenDrone co.,ltd.   스포츠   ★ ★ ★ ★ ☆ 240 👤
ⓘ

🛈 기기와 호환되는 앱입니다.

🔖 위시리스트에 추가   설치

두 번째는 '와우드로'라는 사이트입니다. 검색 창에 '와우드로'라고 검색하면 드론을 날릴
수 있는 곳을 지도로 확인할 수 있습니다.

와우드로 비행지도 - Google My Maps
www.google.com › maps › viewer ▾
http://www.wowdro.com 드론 커뮤니티 **와우드로**에서 제공하는 **비행**금지, 제한구역, 전용공역,
RC비행장 정보. 원본은 ...

4. 조종을 위한 퀵 매뉴얼

Chapter 10

 주 의 사 항

▶ 배터리가 완전히 충전되었는지 확인하십시오.

▶ 프로펠러가 올바르게 장착되어 있는지 확인하십시오.

▶ 조종기와 드론이 정상적으로 연결되어 있는지 확인하십시오.

▶ 주변에 장애물이 없는지 확인하십시오.

▶ 드론을 이륙 및 착륙 그리고 비상정지 기능 먼저 연습하십시오.

▶ 드론과 사용자의 거리는 2미터 이상 떨어져서 사용하십시오.

▌비행 안전 수칙

1 사람이 많은 곳에서는 드론을 날리지 않습니다.

X

2 야간에 드론 비행은 불법입니다.

X

3 비행 중인 드론은 직접 만지지 않습니다.

X

4 비행 중인 드론은 육안으로 확인할 수 있어야 합니다.

O

4. 조종을 위한 퀵 매뉴얼

231

▌드론 상태 확인

프로펠러
□ 4개의 프로펠러가 깨진 곳이 있습니까?
□ 4개의 프로펠러가 올바른 방향으로 끼워져 있습니까?

모터
□ 모터가 가열되어 있지는 않습니까?
□ 모터가 올바르게 끼워져 있습니까?

배터리
□ 배터리가 부풀어 오르진 않았습니까?
□ 배터리가 충분히 충전되어 있습니까?

가드 & 쉘
□ 가드와 쉘이 깨진 곳이 있습니까?
□ 가드와 쉘이 잘못 끼워져 있지는 않습니까?

▌조종기 주요 기능 안내

스피드/
자동 이륙&착륙
L1

상태표시등

LED/FLIP
R1

센서 리셋

페어링

스트롤 레버

방향 레버

트림/모드 변경

전원 On/Off/센서 리셋

헤드리스모드 On/Off

버튼	짧게 눌렀을 때	길게 눌렀을 때
L1	SPEED 속도레벨 바꾸기	START/STOP 이륙/착륙
R1	LED LED 색 바꾸기	FLIP 버튼을 누르고 피치, 롤로 조이스틱을 움직이면 360°회전
RESET		센서 리셋 자이로 센서, 트림 초기화
PAIRING		페어링
POWER		전원 ON/OFF
▲ F	미세조정 피치(+)	헤드리스 모드 사용
▼ B	미세조정 피치(−)	헤드리스 모드 사용하지 않음
◀ L	미세조정 롤(−)	조종 MODE 1
▶ R	미세조정 롤(+)	조종 MODE 2

▌드론 연결하기

드론과 조종기가 연결되어 있지 않은 경우 또는 새로운 조종기와 연결이 필요할 경우, 드론 페어링을 새로 진행합니다.

1. 드론의 베터리를 연결 후 20초 이내에 드론을 손에 들고 빠르게 흔들어 페어링 모드에 진입합니다.(페어링 모드가 되면 LED가 빨강/파랑으로 빠르게 점멸합니다)
2. 페어링 모드에 진입한 드론을 바닥에 내려놓고 조종기의 전원을 켭니다.
3. 조종기에서 페어(PAIR)버튼을 3초 이상 눌러 드론과 페어링합니다.
4. 드론이 연결되면 비프음이 들리며, LED 색상이 고정됩니다.

3초 이상 누름

※ 페어링 모드는 배터리 연결 후 20초 이내에만 가능하며 20초가 지나면 드론의 배터리를 다시 연결해야 합니다.

▌이륙 및 착륙 연습하기

1. 드론을 평평한 바닥에 놓고 비행을 준비합니다.
2. 조종기의 자동 이/착륙 버튼을 3초 이상 눌러 이륙합니다.
3. 드론이 상승하여 호버링을 합니다.
4. 비행 중 조종기의 자동 이/착륙 버튼을 3초 이상 눌러 착륙합니다.

비상정지

비행 중 긴급상황이 발생할 경우 비상 정지 기능을 사용하여 드론의 모터를 정지시킬 수 있습니다.

L1 버튼을 누르고 있는 상태로 쓰로틀 레버를 아래로 누르면 비상 정지 합니다.

※ 비상정지 기능을 사용할 경우 공중에서 모터가 정지되어 추락하기 때문에, 드론이 파손될 수 있습니다. 해당 기능은 반드시 비상상황에서만 사용하세요.

드론 조종방법(모드2)

드론을 조종하기 전에 다음 방법을 반드시 숙지하여 주십시오.
미숙한 조종은 파손 및 부상을 초래할 수 있으므로 반드시 여러 번 연습하세요.
1. 드론의 앞뒤를 확실히 구분하여 평평한 바닥에 내려놓습니다.
2. 조종기의 자동 이/착륙 버튼을 3초 이상 눌러 드론 비행을 시작합니다.

	상승 / 하강	쓰로틀 레버를 올리면 위로 상승하며, 쓰로틀 레버를 내리면 하강합니다. 비행 중 쓰로틀 레버를 내려 지상으로 착륙하면 모터가 정지합니다.
	좌회전 / 우회전	쓰로틀 레버를 왼쪽으로 밀면 좌회전하며, 스로틀 레버를 오른쪽으로 밀면 우회전합니다.
	전진 / 후진	방향 레버를 위로 올리면 전진, 방향 레버를 아래로 내리면 후진합니다.
	왼쪽 / 오른쪽	방향 레버를 왼쪽으로 밀면 드론이 왼쪽으로 이동하며, 방향 레버를 오른쪽으로 밀면 드론이 오른쪽으로 이동합니다.

▌모터 시동/중지

 또는

비행 상태가 아닐 때 모터를 시동/중지 할 수 있습니다.
양쪽 레버를 이미지와 같이 동시에 밀어 2초 이상 유지
합니다.

▌헤드리스 모드

입문자를 위한 헤드리스 모드를 작동시킵니다. 헤드리스 모드는 드론 앞뒤 방향에 상관없이 드론의 조종 방향
이 고정됩니다.

▶ 착륙 상태에서 F버튼을 길게 눌러 조종기의 LED가 깜박거리면 헤드리스 모드 On

▶ 착륙 상태에서 B버튼을 길게 눌러 조종기의 LED가 밝게 점등되면 헤드리스 모드 Off

※ 헤드리스 모드 On/Off는 착륙 상태일 때만 변경 가능하고, 비행 중에서 변경이 불가합니다. 버튼을 눌러 헤드리
스 모드가 On이 되는 순간 드론이 바라보는 방향이 앞으로 고정됩니다.

▌모드 변경

설정을 통하여 모드1 또는 모드2로 변경 가능합니다.

▶ 착륙 상태에서 L트림 버튼을 3초 이상 길게 누르면 모드1

▶ 착륙 상태에서 R트림 버튼을 3초이상 길게 누르면 모드2

모드1

모드2

▌360도 회전(모드2)

오른쪽 FLIP 버튼을 누른 채로 오른쪽 방향 레버로 조종합니다.

 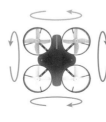

앞으로 회전: 방향 레버를 위로
뒤로 회전: 방향 레버를 아래로
왼쪽 회전: 방향 레버를 왼쪽으로
오른쪽 회전: 방향 레버를 오른쪽으로

PYTHON & DRONE

트림

바람이 없는 환경에서 드론을 이륙시켜 공중에서 흐르는 현상이 있는지 확인합니다.

1. 전진/후진 이동 트림 :
   드론이 아무런 조작 없이 공중에서 앞으로 흐를 경우 조종기의 B버튼을 눌러 트림을 조절합니다.
   반대로 아무런 조작 없이 공중에서 뒤로 흐를 경우 조종기의 F버튼을 눌러 트림을 조절합니다.

2. 좌/우 이동 트림 :
   드론이 아무런 조작 없이 공중에서 왼쪽으로 흐를 경우 조종기의 R버튼을 눌러 트림을 조절합니다. 반대로
   아무런 조작 없이 공중에서 오른쪽으로 흐를 경우 조종기의 L버튼을 눌러 트림을 조절합니다.

▶ 트림버튼을 누를 때마다 조종기에서 비프음이 들립니다.
▶ 트림 설정의 최대치에 도달할 경우 비프음이 2회씩 들립니다.
▶ 트림 설정으로도 정상적인 비행이 어렵다면 드론 센서 리셋을 해주세요.
  (드론을 평평한 곳에 놓고 조종기의 리셋 버튼을 길게 누르면 센서 리셋이 됩니다)

센서 리셋 모드

트림 설정을 하고나서도 드론이 한쪽으로 치우치거나 드론이 정상적으로 비행하지 않을 경우는 센서 리셋을
진행해주세요
드론과 조종기가 연결된 상태에서 드론을 평평한 바닥에 놓고 조종기의 리셋 버튼을 길게 눌러 센서 리셋을
진행합니다.

센서 리셋 중에는 드론 LED가 깜박이며, 리셋이 완료되면 다시 밝게 켜집니다.

▌문제 해결

	문제	원인	해결 방법
1	드론의 배터리를 연결했는데 깜빡거리기만 하며 응답이 없습니다.	드론과 컨트롤러의 페어링이 끊어졌습니다.	드론과 컨트롤러의 전원을 모두 껐다 켜고, 페어링을 다시 합니다.
2	드론의 배터리를 연결해도 아무런 응답이 없습니다.	배터리가 부족합니다.	드론의 배터리를 충전해서 사용합니다.
3	착륙하려고 레버를 내려도 모터가 멈추지 않습니다.	드론이 바닥에 도착했는지 인식하지 못했습니다.	위로 다시 올려 착륙을 시도합니다. 드론이 바닥에 닿은 후에도 2초 이상 쓰로틀 조이스틱을 내립니다.
4	프로펠러만 돌아가며 드론이 이륙하지 않습니다.	1. 프로펠러 방향이 잘못 되었습니다. 2. 배터리가 부족합니다.	1. 프로펠러를 올바른 방향으로 연결합니다. 2. 배터리를 충전합니다.
5	트림 설정 후에도 드론이 제자리에서 회전합니다.	1. 프로펠러 방향이 잘못 되었습니다. 2. 프로펠러가 손상됐습니다. 3. 센서값이 이상합니다.	1. 프로펠러를 올바른 방향으로 연결합니다. 2. 프로펠러를 바꿉니다. 3. 센서를 리셋합니다.
6	추락 후 드론이 날지 않습니다.	1. 프로펠러가 분리되었습니다. 2. 프로펠러가 손상되어 있습니다.	1. 프로펠러를 다시 연결합니다. 2. 프로펠러를 바꿉니다.

5. 파이썬에서 자주일어나는 오류 메시지 정리

오류	SyntaxError: EOL while scanning string literal	`print('hello)`
원인	따옴표 ', " 의 짝이 맞지 않을 때	

오류	IndentationError: expected an indented block	`a = 1`
		`if a > 0 :`
		`print("yes")`

원인	if문 실행문에 다음에 들여쓰기가 없을 때	

오류	IndentationError: unexpected indent	`a = 1`
		`if a > 0 :`
		`print("yes")`
		`  print("good")`

원인	첫 번째 print문 들여쓰기 후 다음 print문이 들여쓰기가 맞지 않을 때	

오류	IndentationError: unindent does not match any outer indentation level	`a = 1`
		`if a > 0 :`
		`    print("yes")`
		`  print("good")`

원인	공백과 tab을 혼동하여 사용했을 때	
오류	NameError: name 'PRINT' is not defined	`a = 1` `PRINT(a)`
원인	명령어의 대소문자를 잘못 입력했을 때	
오류	SyntaxError: can't assign to keyword	`continue = 1` `print(continue)`
원인	변수명을 파이썬 예약어로 사용했을 때 break, class, if, import, return while not, or 등	

오류	NameError: name 'something' is not defined	`name = 'lee'`
		`if nane == 'lee' :`
		`  print("yes")`

원인	없는 변수를 호출했을 때	
오류	ValueError: invalid literal for int() with base 10: 'hello'	`a = '5'` `b = abs(a)`
원인	함수 안에 실행인자를 잘못 입력했을 때(int와 string을 잘못사용)	

오류	SyntaxError: invalid syntax	`a = 1`
		`if a > 0`
		`print("yes")`

원인	if문 뒤에 : 를 안 썼을 때	
오류	ImportError: No module named 'drone'	`import drone` `a = 1`
원인	import 하는 모듈이름이 잘못되거나 해당 모듈이 없을 때	

오류	ImportError: cannot import name 'sub' from 'function'	`def sum(a, b):`
		`    return a+b`
		
		`from function import sub`
		`print (sub(1, 2))`

원인	import 하는 모듈이름이 잘못되거나 해당 모듈이 없을 때